KÖRPERWISSEN UND KÖRPERPFLEGE IN DER KITA

Silke Hubrig

Gesundheitsförderung ganz praktisch

Verlag an der Ruhr

IMPRESSUM

Titel
Gute Kitapraxis!
Körperwissen und Körperpflege in der Kita
Gesundheitsförderung ganz praktisch

Autorin
Silke Hubrig

Umschlagmotive
Foto: © Sokolova Maryna; Illustrationen: (Waschbär) © Maria Skrigan, (Zahnbürste) © Sketch Master – alle shutterstock.com; (Blume) © KatyaKatya – stock.adobe.com

Motive im Innenteil
Icons: (Glühbirne, Ausrufezeichen, Zahnrad) © reeel;
(Blume) © KatyaKatya – alle stock.adobe.com
Kapiteldeckblätter: (Foto) © Sokolova Maryna – shutterstock.com;
(Blume) © KatyaKatya – stock.adobe.de;
alle Tier-Illustrationen: © Maria Skrigan – shutterstock.com

Lektorat
Juliane Baumann

Druck
AZ Druck und Datentechnik GmbH, Kempten, DE

Verlag an der Ruhr
Mülheim an der Ruhr
www.verlagruhr.de

Geeignet für Kinder von 3–6 Jahren

Urheberrechtlicher Hinweis
Das Werk und seine Teile sind urheberrechtlich geschützt. Jede Verwendung in anderen als den gesetzlich zugelassenen Fällen bedarf der vorherigen schriftlichen Einwilligung des Verlages. Im Werk vorhandene Kopiervorlagen dürfen vervielfältigt werden, allerdings nur für den eigenen Gebrauch in der jeweils benötigten Anzahl. Die dazu notwendigen Informationen (Buchtitel, Verlag und Autorin) haben wir für Sie als Service bereits mit eingedruckt. Diese Angaben dürfen weder verändert noch entfernt werden. Der Verlag untersagt ausdrücklich das Herstellen von digitalen Kopien, das digitale Speichern und Zurverfügungstellen dieser Materialien in Netzwerken (das gilt auch für Intranets von Schulen und sonstigen Bildungseinrichtungen), per E-Mail, Internet oder sonstigen elektronischen Medien außerhalb der gesetzlichen Grenzen. Kein Verleih. Keine gewerbliche Nutzung.

Näheres zu unseren Lizenzbedingungen können Sie unter **www.verlagruhr.de/lizenzbedingungen/** nachlesen.

Soweit in diesem Produkt Personen fotografisch abgebildet sind und ihnen von der Redaktion fiktive Namen, Berufe, Dialoge u. Ä. zugeordnet oder diese Personen in bestimmte Kontexte gesetzt werden, dienen diese Zuordnungen und Darstellungen ausschließlich der Veranschaulichung und dem besseren Verständnis des Inhalts.

© Verlag an der Ruhr 2022
ISBN 978-3-8346-4800-6

INHALTSVERZEICHNIS

Vorwort 4

1. KÖRPERWISSEN UND KÖRPERPFLEGE – GRUNDLEGENDES FÜR KITA-KINDER 5

Körperbewusstsein und ein gutes Körpergefühl vermitteln........ 6
Den Körper pflegen – Warum? 10
Rituale der Körperpflege im Alltag etablieren 10

2. DAS IST MEIN KÖRPER! – KÖRPERWISSEN GANZ PRAKTISCH 11

Das ist mein Körper – was der alles kann! 12
Mein Körper ist einzigartig! 27
Mein Körper gehört mir! 35
Zum Umgang mit Sexualität in der Kita...................... 38

3. DAS IST WICHTIG! – ALLTÄGLICHE KÖRPERPFLEGE GANZ PRAKTISCH 41

Hände waschen 42
Zähne putzen 46
Unseren Körper vor Hitze oder Kälte schützen 51
Toilettenhygiene 58

4. DAS TUT GUT! – WOHLTUENDE KÖRPERPFLEGE GANZ PRAKTISCH 67

Wir spielen Friseur*in...................................... 68
Rund um Fingernägel 73
Ich fühle mich wohl in meiner Haut 76
Im Massagesalon.. 78

5. DU STINKST! – KINDER MIT MANGELNDER KÖRPERPFLEGE 87

Quellen- und Literaturhinweise............................. 91
Register der Aktivitäten 95
Autoreninfo 96

VORWORT

Die Weltgesundheitsorganisation (WHO) beschreibt Gesundheit als einen Zustand des vollkommenen körperlichen, geistigen und sozialen **Wohlbefindens** (vgl. WHO 2014, S. 1). Gesundheit meint damit mehr als das Freisein von körperlichen Krankheiten und Gebrechen. Gesundheitsförderung ist laut WHO ein Prozess, der zum Ziel hat, dem Menschen ein höheres Maß an **Selbstbestimmung** über seine Gesundheit zu ermöglichen. Jede*r[1] soll dazu befähigt werden, die eigene Gesundheit zu stärken. (Vgl. Schneider 2012, S. 9)

Das Wissen um den eigenen Körper, sein Schutz und seine Pflege sind ein Teil der **Gesundheitserziehung** in der Kita. Es gehört zum Teil des Bildungsbereiches „Körper, Bewegung und Gesundheit". Für die Kinder ist es wichtig, dass Körperpflege nicht nur zu Hause stattfindet, sondern auch in der Kita. **Alltagshandlungen,** wie etwa Zähneputzen und Händewaschen, sind bedeutsame Rituale der Körperpflege. Sie beinhaltet auch den **Schutz** des eigenen Körpers und ist grundlegend für die Erhaltung der Gesundheit. Dabei geht es vor allem um die **Körperhygiene,** also die Pflege von Haut, Haaren, Finger- und Fußnägeln, Mund und Zähnen sowie um den Schutz vor Infektionen. Das Sauberhalten und Pflegen des Körpers führt zu einem **positiven Körpergefühl** und damit zu mehr Wohlbefinden.

Die meisten Kinder verbringen viele Stunden täglich in der Kita. Dadurch hat sie die Chance, ihnen **nachhaltig** Hygiene- und Körperpflege nahezubringen. Das kann nicht in einem Einzelprojekt vermittelt und abgeschlossen werden. Vielmehr kann den Kindern durch Lernen am Modell, durch Rituale und gezielte Aktivitäten beigebracht werden, dass Körperpflege **keine lästige Pflicht** ist. So verstehen sie den Sinn dahinter und empfinden Freude dabei, Verantwortung für die Pflege und den Schutz ihres einzigartigen Körpers zu übernehmen.

---

1 Der Verlag an der Ruhr legt großen Wert auf eine geschlechtergerechte und inklusive Sprache. Daher nutzen wir das Gendersternchen, um sowohl männliche und weibliche als auch nichtbinäre Geschlechtsidentitäten einzuschließen. Alternativ verwenden wir neutrale Formulierungen.

KÖRPERWISSEN UND KÖRPERPFLEGE – GRUNDLEGENDES FÜR KITA-KINDER

1. KÖRPERWISSEN UND KÖRPERPFLEGE – GRUNDLEGENDES FÜR KITA-KINDER

Körperbewusstsein und ein gutes Körpergefühl vermitteln

Wenn es um Körperpflege geht, sollte man sich zunächst mit dem eigenen Körperbewusstsein und dem Körpergefühl beschäftigen. Schließlich pflegt man nur das gern, was man bewusst wahrnimmt und zu dem man ein gutes Gefühl hat. Je **wertvoller** etwas ist, desto mehr wird es geschützt, gehegt und gepflegt. Wenn Kindern Körperpflege nahegebracht werden soll, ist eine **körperfreundliche Erziehung** unverzichtbar.

Mit Körperbewusstsein ist das Bewusstsein für den Körper, sein **Aussehen,** seine **Funktionen,** die damit verbundenen **Emotionen** usw. gemeint. Menschen mit einem guten Körperbewusstsein erkennen, was sie körperlich brauchen, indem sie beispielsweise sagen: „Ich friere. Ich ziehe mir eine Jacke an" oder „Ich spüre Angst im Bauch. Ich warte mal kurz ab und überlege, was los ist". Den **Zugang zum Körper** bekommen wir durch unsere **Sinne,** also durch Riechen, Hören, Sehen, Tasten und Empfinden.

Kinder sollen ein **positives Körpergefühl** entwickeln. Damit ist nicht nur gemeint, dass sie eine gute Körperwahrnehmung haben, sondern auch, dass sie ihren Körper mögen und ihn wertschätzen. Je älter Kinder werden, desto mehr spielen **gesellschaftliche Schönheitsnormen** eine Rolle. Diesen Bildern, wie ein Mädchen/eine Frau und ein Junge/ein Mann aussehen muss, um gut, beliebt und erfolgreich zu sein, kann sich niemand komplett entziehen. Je mehr Sozialisationsinstanzen, wie Peergroup und Medien, auf die Kinder Einfluss nehmen, desto größer wird der Körperkult und das Schönheitsdiktat. So sagen schon Grundschulkinder zu anderen, dass sie zu dick seien, auch wenn sie es objektiv nicht sind. Ein Blick in eine sogenannte Frauenzeitschrift mit der Zielgruppe „erwachsene Frauen" zeigt, wo die Reise hingeht: die perfekte Frisur, die perfekte Figur und zu jeder Gelegenheit bestens gekleidet – bis hin zu Schönheitsoperationen. So gern sich Frauen von diesem **Druck** befreien möchten, es scheint nicht zu funktionieren, denn diese Zeitschriften haben einen großen Leserinnenkreis. Hinsichtlich des männlichen Rollenbildes ist seit einigen Jahren ein ähnlicher Trend zu beobachten. Intergeschlechtliche Menschen kommen beim Schönheitsdiktat gar nicht vor. Das heißt nicht, dass sie außen vor sind, sondern dass sie einem noch stärkeren Druck ausgesetzt sind, sich nämlich im Bild der Frau oder des Mannes zu verorten.

1. KÖRPERWISSEN UND KÖRPERPFLEGE – GRUNDLEGENDES FÜR KITA-KINDER

Seit einigen Jahren gibt es verstärkt das Phänomen, dass Menschen aufgrund ihres Körpers beleidigt, gedemütigt und diskriminiert werden – immer im Hinblick auf das aktuelle Schönheitsideal. **„Bodyshaming"** wird dieses genannt und ist insbesondere in sozialen, medialen Netzwerken verbreitet. Aber auch in anderen Lebensbereichen findet es statt: Beispielsweise wird dicken Menschen unterstellt, sie wären nur wenig diszipliniert und nicht so leistungsfähig wie dünne Menschen. (Vgl. FUMA 2021, #bodyshaming) Etwaige **Vorurteile** sollten sich stets bewusst gemacht und reflektiert werden. Ansonsten geben beispielsweise pädagogische Fachkräfte diese ahnungslos an die Kinder weiter.

TIPP

Wenn Sie beobachten, dass ein Kind aufgrund seines Aussehens gehänselt wird, greifen Sie sofort ein! Jedes Kind muss die Gewissheit haben, dass niemand es aufgrund seines Aussehens/Körpers schlecht behandelt.
Das gilt übrigens auch, wenn eine pädagogische Fachkraft, beispielsweise aufgrund einer füllligen Figur, von Kindern verspottet wird. Sie müssen dabei sensibel unterscheiden, ob Bemerkungen der Kinder durch Neugierde entstehen oder im Sinne von „ärgern" oder „sich über andere lustig machen". Letzteres darf nicht geduldet werden. Auf Neugierde kann man adäquat eingehen.

So wie junge Kinder es schon tun, sollen auch ältere Kinder ihren Körper und ihr Körpererleben **positiv** bewerten und empfinden. Sie sollen ihre **Körpersinne nutzen** und als Tor zur Welt verstehen. Sie sollen ihren Körper großartig finden, weil sie mit ihm so hoch schaukeln können, dass es im Bauch kitzelt. Sie sollen Freude daran haben, mit einem anderen Kind zu ringen und dabei ihre eigene Kraft zu spüren. Sie sollen es genießen, ihren Körper kreativ zu schmücken, und es wunderbar finden, wenn sie nach dem Toben merken, wie sich ihr Körper entspannt. Sie sollen wissen, wie schlau ihr Körper ist, denn er kann anzeigen, ob er hungrig ist oder auf die Toilette muss. So fabelhaft ist jeder Körper, egal welche Maße, Farben und Formen er hat!

1. KÖRPERWISSEN UND KÖRPERPFLEGE – GRUNDLEGENDES FÜR KITA-KINDER

Das eigene Körperbewusstsein reflektieren

Kinder orientieren sich an ihren **Bezugspersonen.** Wenn die pädagogische Fachkraft sagt, dass jeder Körper schön ist, aber selbst immer wieder das eigene T-Shirt über die (als zu üppig empfundene) Hüfte zieht, sobald es hochrutscht, oder im Hochsommer mit langen Hosen herumläuft, weil sie sich für die Dellen an den Beinen schämt, oder sie zu der Kollegin beim Nachtisch verteilen sagt: „Für mich heute kein Eis. Ich bin zu dick", merken die Kinder das. Wir alle haben eine geschlechtstypische Sozialisation. Viele Erwachsene mögen einige Körperstellen an sich nicht oder leiden sogar darunter.

EIN KLEINER SELBSTTEST

Wie sieht es bei Ihnen aus? Stellen Sie sich die folgenden Fragen und überlegen Sie, wie Ihre Antworten sein könnten.

- Wann fühlen Sie sich in Ihrem Körper so richtig wohl?
- Wann fühlen Sie sich unwohl und warum?
- Welche Körperstellen mögen Sie besonders?
- Welche Körperstellen würden Sie gern verändern?
- Warum möchten Sie diese verändern?
- Haben andere Menschen schon einmal etwas Kränkendes über Ihren Körper gesagt? Wie sind Sie damit umgegangen?
- Haben andere Menschen schon einmal etwas Schönes über Ihren Körper gesagt? Wie sind Sie damit umgegangen?
- Was tun Sie, um Ihren Körper gesund zu erhalten?
- Was tun Sie nicht, aber würden es gern tun? Was hindert Sie daran, es zu tun?

Den Signalen des Körpers vertrauen

Ausschlaggebend für ein gutes Körpergefühl ist insbesondere auch ein lustvoller, natürlicher **Umgang** mit Essen und Bewegungsverhalten. Das bedeutet: Kinder merken, wenn sie hungrig sind und wenn sie satt sind. Kinder merken, wenn sie sich bewegen möchten und wenn sie müde sind. Dieses **Gespür** sollte den Kindern

1. KÖRPERWISSEN UND KÖRPERPFLEGE – GRUNDLEGENDES FÜR KITA-KINDER

bewusst gemacht werden. Es ist wichtig, dieses Gefühl nicht zu verlieren und sich mit seinen subjektiven Bedürfnissen ernst zu nehmen. Menschen, welche diese Fähigkeit verlernen, leiden oftmals an Essstörungen oder anderen ungesunden Denk- und Verhaltensweisen.

Das **Wahrnehmen** und **Ernst-Nehmen** der eigenen Körpergefühle und Intuition hilft auch **präventiv,** sich vor körperlichen, sexuellen Übergriffen zu schützen. Kinder spüren, wenn sich eine Berührung „falsch" anfühlt, und trauen sich, – je nach Kontext – die Situation zu verlassen. Kinder müssen immer wieder daran erinnert werden, dass nur sie selbst über ihren Körper bestimmen dürfen. Pädagogische Fachkräfte sollten das insbesondere auch in Situationen der Körperpflege unterstützen.
So sollten sie niemals dem Kind ungefragt den verschmierten Mund abwischen, sondern immer vorher fragen. Die **Grenzen,** die das Kind anzeigt, müssen unbedingt gewahrt werden. Körperpflege darf niemals mit Zwang einhergehen.

1. KÖRPERWISSEN UND KÖRPERPFLEGE – GRUNDLEGENDES FÜR KITA-KINDER

Den Körper pflegen – Warum?

Die **Pflege** des eigenen Körpers, die auch den **Schutz** des Körpers beinhaltet, ist grundlegend für die Erhaltung der Gesundheit. Körperpflege umfasst das Sauberhalten und das Pflegen des Körpers, insbesondere die Pflege von Haut, Haaren, Finger- und Fußnägeln, Mund und Zähnen.

Ziel der Körperpflege ist nicht nur die Abwehr von Krankheiten, also die Erhaltung der Gesundheit. Der Körper wird gereinigt, gepflegt und vor Infektionen bestmöglich geschützt. Bakterien und Viren können Infektionen auslösen. Diese werden im Alltag vor allem über die Hände übertragen. Durch Maßnahmen wie regelmäßiges Händewaschen, Baden und auch Zähneputzen können die Viren und Bakterien abgetötet werden. Dieses wiederum führt zu einem **positiven Körpergefühl** und damit zu mehr **Wohlbefinden.** Das wirkt sich nicht nur positiv auf die psychische Gesundheit aus, sondern auch auf das soziale Wohlbefinden. Mit zunehmenden Kompetenzen sollten Kinder stetig mehr **Verantwortung** für ihr Wohlbefinden und ihre Körperpflege übernehmen. So können beispielsweise schon Kita-Kinder durch tägliche Rituale im Alltag verinnerlichen, sich regelmäßig die Zähne zu putzen und ihre Hände zu waschen.

Rituale der Körperpflege im Alltag etablieren

Grundlegende Tätigkeiten zur Körperpflege sollten fest im Kita-Alltag etabliert sein. So können die Kinder diese rasch übernehmen und durchführen. Die Rituale helfen den Kindern nicht nur bei der individuellen Körperpflege, sondern strukturieren auch den Kita-Tag. So ist es sinnvoll, dass das **Händewaschen** vor allen Mahlzeiten, nachdem das Kind auf der Toilette war und nach dem Spiel auf dem Außengelände sowie das **Zähneputzen** nach jeder Mahlzeit als feststehende Tätigkeit oder gemeinsames Ritual etabliert werden. Auch wenn die Partizipation aller Kinder in jeder Kita berücksichtigt werden sollte, sollten das regelmäßige Händewaschen und das Zähneputzen nicht zur Diskussion stehen. Hier haben pädagogische Fachkräfte eine **Fürsorgepflicht,** der sie nachkommen müssen. Die Entwicklung der Autonomie und das Prinzip der Partizipation sollten jedoch an anderen Stellen gefördert und geübt werden. Möglich wäre es z. B. bei der Wahl witterungsbedingter Kleidung, die mit den Kindern besprochen werden kann. Braucht jedes Kind bei zehn Grad eine Mütze?

DAS IST MEIN KÖRPER! – KÖRPERWISSEN GANZ PRAKTISCH

2. DAS IST MEIN KÖRPER! – KÖRPERWISSEN GANZ PRAKTISCH

Das ist mein Körper – was der alles kann!

Jeder Mensch hat einen Körper und dieser ist nicht umzutauschen. Man pflegt nur etwas gern, was einem bewusst ist und was man schätzt. Um Kinder an Körperpflege heranzuführen, müssen sie erst ein **Bewusstsein** für ihren Körper haben und ihn als wertvoll und auch schützenswert wahrnehmen. Die Kinder müssen sich „wohl in ihrer Haut fühlen".
Ein positives Körperbewusstsein ist also grundlegend von Bedeutung, wenn es um die Vermittlung von Körperpflege in der Kita geht.

Körperbewusstsein erlangen Kinder durch vielfältige **Wahrnehmungs- und Bewegungserfahrungen.** Diverse und verschiedenartige sensorische und motorische Erfahrungen sind elementar, damit ein Kind den eigenen Körper wahrnehmen, verstehen und angemessen mit ihm umgehen kann. (Vgl. Schneider 2012, S. 31 ff.)

BUCHTIPPS

- *Hubrig, Silke:* **Mit Bewegungsspielen den eigenen Sinnen auf der Spur**, Reihe Kita-Praxis – einfach machen! Cornelsen Verlag: Berlin 2017
- *Hubrig, Silke:* **Bewegungsspiele für zwischendurch.** Gesundheitsförderung in der Kita ganz praktisch, Reihe Gute Kitapraxis! Cornelsen bei Verlag an der Ruhr: Mülheim an der Ruhr 2021

Wie sieht mein Körper aus?

Alter: ab 3 Jahren
Teilnehmer*innen: 2–6 Kinder
Das benötigen Sie: Papierbahnen (z. B. Tapete), dicke Wachsstifte, Klebeband, großen Spiegel

2. DAS IST MEIN KÖRPER! – KÖRPERWISSEN GANZ PRAKTISCH

Vorbereitung
Kleben Sie mit Klebebandstreifen ca. 1,50 m lange Papierbahnen auf den Boden. Insgesamt müssen es so viele Papierbahnen wie teilnehmende Kinder sein.

So geht's
Die Kinder bilden Teams. Ein Kind legt sich rücklings auf eine Papierbahn, sodass der ganze Körper darauf liegt. Die Arme und Beine werden mindestens 10 cm vom Körper abgespreizt hingelegt. Nun malt das andere Kind mit einem Wachsstift die Körperumrisse nach. Anschließend wird auf gleiche Weise der Körperumriss des anderen Kindes gemalt. Danach kann jedes Kind seinen Körper auf dem Papier ausmalen und ihm ggf. auch noch etwas hinzufügen. Dafür betrachtet es sich genauer im Spiegel. Wie sehen eigentlich meine Augen aus? Welche Farbe hat meine Hose? Sind meine Haare hell oder dunkel?

Zum Schluss werden alle Kinderbilder nebeneinander an eine Wand (oder mehrere Wände, je nach Platz) in der Kita gehängt und gemeinsam betrachtet. Können die Kinder zuordnen, welches Bild welches Kind darstellt? Woran ist das zu erkennen? Welches Kind ist besonders groß oder besonders klein? Welche Kinder scheinen genau gleich groß zu sein? Hier bieten sich viele Möglichkeiten, mit den Kindern in ein Gespräch über das Aussehen der Körper zu kommen.

TIPP
Die Körperteile sollten korrekt benannt werden. Das gilt auch für die Geschlechtsteile, die von pädagogischen Fachkräften nicht verniedlicht oder mit einem Spitznamen versehen werden sollten.

Magnetische Körperteile

Alter: ab 3 Jahren
Teilnehmer*innen: ab 6 Kinder
Das benötigen Sie: Musik

2. DAS IST MEIN KÖRPER! – KÖRPERWISSEN GANZ PRAKTISCH

So geht's
Die Kinder bewegen sich zu Musik durch den Raum. Stoppen Sie plötzlich die Musik und rufen Sie laut den Namen eines Körperteils, z. B.: „Arm". Der genannte Körperteil wird nun „magnetisch" … jeder Arm dockt an einem anderen Arm an. Haben alle Kinder dieses ausgeführt, wird die Musik wieder angemacht und die „Magnetkraft" ist weg. Fordern Sie die Kinder wieder auf, sich frei durch den Raum zu bewegen, bis die Musik erneut stoppt. Ein weiteres Mal nennen Sie dann einen Körperteil, der magisch von den anderen angezogen wird …

Wenn ich aus der Badewanne komme …

Alter: ab 3 Jahren
Teilnehmer*innen: ab 2 Kinder

So geht's
Die Kinder sitzen im Kreis mit etwas Abstand zueinander. Erzählen Sie folgende Geschichte und fordern Sie die Kinder auf, die genannten Bewegungen entsprechend mitzumachen: „Wir sind in einer schönen, warmen Badewanne. Mit viel Schaum! Man kann den Schaum sogar auf die Hand nehmen und durch das Badezimmer pusten (die Kinder pusten auf ihre ausgestreckte Handfläche). Nun müssen wir aber schnell raus aus der Wanne. Wir steigen aus (die Kinder stellen sich hin). Wir sind von oben bis unten nass und noch voll Schaum. Wir müssen uns abtrocknen. Wir nehmen uns ein Handtuch (bücken und ein imaginäres Handtuch aufheben)."

Beispiele für Körperteile, die mit den Händen abgerubbelt werden:
- die Haare
- das Gesicht
- die Ohren
- der Hals und der Nacken
- die eine Schulter und die andere Schulter
- die Brust und der Bauch
- der eine Arm und die Hand dazu
- der andere Arm und die Hand dazu
- der Rücken (hier von dem Kind daneben sich helfen lassen)

2. DAS IST MEIN KÖRPER! – KÖRPERWISSEN GANZ PRAKTISCH

- die Vulva oder der Penis
- der Popo
- das eine Bein und der Fuß dazu sowie die Fußsohle
- das andere Bein und der Fuß dazu sowie die Fußsohle

Bitten Sie die Kinder, die Augen zu schließen und ganz leise zu sein.
Wie fühlt sich der Körper jetzt an? Wurde jeder Körperteil trocken gerubbelt?

Nach einem Moment der Stille und der eigenen Körperwahrnehmung erläutern Sie den Kindern, dass es nun Zeit zum Anziehen ist. Die Kinder tun dann so, als würden sie sich wieder anziehen.

Was ist da drinnen los? – Körperforscher*innen

Alter: ab 3 Jahren
Teilnehmer*innen: 1–4 Kinder
Das benötigen Sie: Stethoskop, stillen Raum

So geht's
Von außen können wir unseren Körper sehen. Aber was ist in unserem Körper los? Die Kinder bekommen die Aufgabe, durch Tasten und Hören herauszufinden, was im Körper los ist. Das können sie an ihrem eigenen Körper machen oder auch in Absprache (Immer vorher das andere Kind fragen!) mit einem anderen Kind gemeinsam.

Impulsfragen können sein:
- Was kannst du ertasten?
- Hörst du deinen Herzschlag?
- Hörst du Geräusche, die aus dem Bauch kommen? Wie klingen sie?
- Kannst du das Ein- und Ausatmen hören?

Im Erzählkreis tragen die Kinder abschließend ihre Erkenntnisse zusammen. Helfen Sie ihnen dabei, diese richtig einzuordnen und zu sortieren.

2. DAS IST MEIN KÖRPER! – KÖRPERWISSEN GANZ PRAKTISCH

GUT ZU WISSEN

Die Vorstellung, die Wahrnehmung vom eigenen Körper verändert sich im Laufe der Entwicklung. Durch die Informationen, die Kinder über ihren Körper bekommen, konstruieren sie ein gedankliches Bild sowohl vom äußeren als auch vom inneren Teil ihres Körpers. Wie ist mein Körper aufgebaut? Wie sieht er von innen aus? Wie sieht er von außen aus? Wie funktioniert er? Das Bild vom eigenen Körper wird auch **Körperkonzept** genannt. Dieses Bild verändert sich je nach den individuellen Wahrnehmungs- und Körpererfahrungen und Wissenserweiterungen immer wieder. Die Körperkonzepte sind selbst bei erwachsenen Menschen nicht zwingend realistisch, weil alle Wahrnehmungs- und Körpererfahrungen stets vom Gehirn interpretiert werden. (Vgl. Schneider, 2012, S. 29 ff.)

BUCHTIPPS FÜR KINDER

- *Von Bornstädt, Matthias/Döring, Hans-Günther:* **Guck mal: Mein Körper**, Carlsen Verlag: Hamburg 2018 (ab 3 Jahren)
- *Noa, Sandra/Voigt, Silke:* **Mein Körper: Wie wachse ich? Warum brauche ich Muskeln?** WAS IST WAS Junior Sachbuch, Band 7, Tessloff Verlag Ragnar Tessloff GmbH & Co. KG: Nürnberg 2016 (ab 4 Jahren)
- *Stowell, Louie/Leake, Kate:* **Aufklappen und Entdecken: Dein Körper**, Usborne Publishing Verlag: Regensburg 2015 (ab 5 Jahren)
- *Dickmann, Nancy/Howling, Adam:* **Das Buch mit der Lupe: Mein Körper: Schieben – Schauen – Verstehen**, Ravensburger Verlag GmbH: Ravensburg 2020 (ab 5 Jahren)

2. DAS IST MEIN KÖRPER! – KÖRPERWISSEN GANZ PRAKTISCH

Bilderbuchbetrachtung: „Fräulein Hicks und die kleine Pupswolke"

Alter: ab 4 Jahren
Teilnehmer*innen: ab 2 Kinder
Das benötigen Sie: Bilderbuch: *Dax, Eva/ Dully, Sabine:* **Fräulein Hicks und die kleine Pupswolke.** Eine verrückte Reise durch den Körper, Oetinger Verlag: Hamburg 2016

So geht's
Lesen Sie den Kindern das Bilderbuch vor. In dem Buch geht es um einige Körpervorgänge, die nur schwer zu kontrollieren sind: Schluckauf, pupsen, niesen, gähnen und rülpsen.

Impulsfragen zum Buch:
- Wann müsst ihr manchmal pupsen? Warum macht der Körper das? Wie fühlt sich das an? Wie riecht es denn? ...
- Hattet ihr schon einmal Schluckauf? Wie fühlt sich das an? Dauerte es lange, bis er wieder wegging? Kennt ihr Tricks, wie ein Schluckauf weggeht? Warum hat ein Mensch Schluckauf? ...
- Müsst ihr manchmal rülpsen? In welchen Situationen? Wieso ist das unhöflich? Kann man leise und laut rülpsen? ...
- Wann müsst ihr gähnen? Ist Gähnen ansteckend (ausprobieren)? Warum gähnt ein Mensch? Kann man es unterdrücken? ...
- Welche dieser Körpersensationen kann man am schlechtesten unterdrücken?

BUCHTIPP FÜR KINDER

Rakowitz, Bettina: **König Pups**, Kampenwand Verlag: Vachendorf 2020 (ab 3 Jahren)

2. DAS IST MEIN KÖRPER! – KÖRPERWISSEN GANZ PRAKTISCH

Wir ertasten unsere Knochen

Alter: ab 3 Jahren
Teilnehmer*innen: ab 1 Kind
Das benötigen Sie: Bild von einem Skelett für die Variation (s. KV, S. 19)

So geht's

Jeder Mensch hat eine große Anzahl von Knochen. Im Skelett von Erwachsenen kann man etwa 206 Knochen zählen. Besonders viele Knochen haben wir in unseren Händen und Füßen. Viele dieser Knochen können wir ertasten und so spüren.
(Vgl. Stiftung „Haus der kleinen Forscher" 2016, S. 36)

Regen Sie das Kind (oder die Kinder) dazu an, die Knochen an einer Hand durch Abtasten zu spüren. Auch die Knochen im Unter- und Oberarm sind teilweise gut fühlbar.

Variation

Zeigen Sie dem Kind (oder den Kindern) ein Bild von einem Skelett (s. KV, S. 19). Welche Knochen sind es, die wir ertasten können? Warum hat ein Mensch Knochen? Die Knochen stabilisieren den Körper und schützen die wichtigen Organe.

2. DAS IST MEIN KÖRPER! – KÖRPERWISSEN GANZ PRAKTISCH

Kopiervorlage

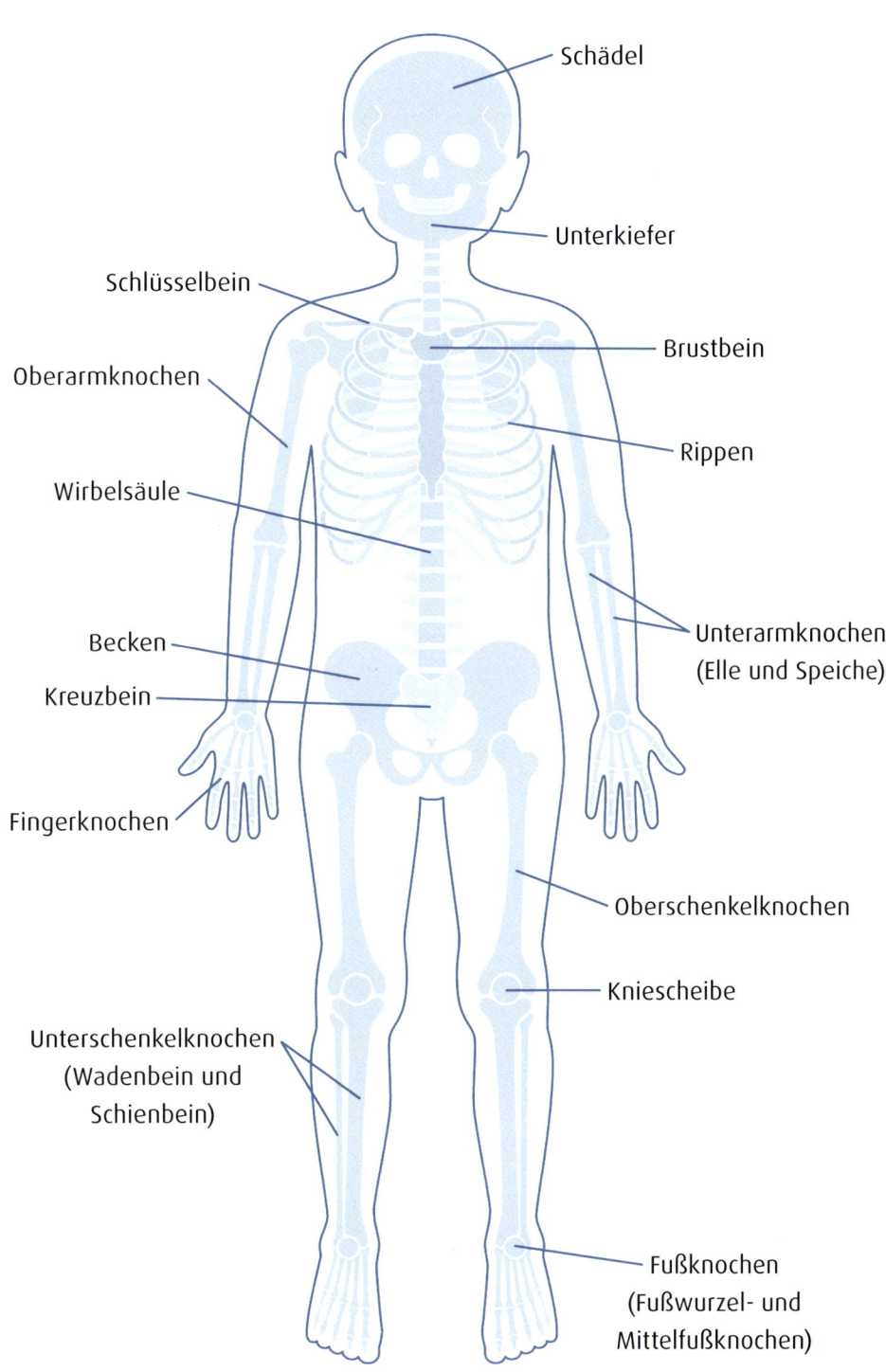

Gesundheitsförderung ganz praktisch | 19

2. DAS IST MEIN KÖRPER! – KÖRPERWISSEN GANZ PRAKTISCH

Gelenke erforschen

Alter: ab 3 Jahren
Teilnehmer*innen: ab 3 Kinder
Das benötigen Sie: Musik für die Variation

So geht's

Ein Gelenk ist eine bewegliche Stelle, die zwei Knochen miteinander verbindet. Knochen sind starr und wir können sie nicht bewegen. Durch die Gelenke können wir beispielsweise den Arm oder ein Bein beugen. Die Gelenke verbinden die Knochen.

Fordern Sie die Kinder dazu auf, zu erforschen, an welchen Stellen die Knochen mit Gelenken verbunden sind. Die sechs großen Gelenke – Schulter-, Ellenbogen-, Hand-, Hüft-, Knie- und Sprunggelenk – lassen sich ertasten und bewegen. Vielleicht entdecken die Kinder noch mehr Gelenke. Insgesamt haben Menschen ungefähr 212 Gelenke! (Vgl. Stiftung Gesundheitswissen 2018)

Variation – Gelenke-Tanzspiel

Durch die Gelenke können wir Körperteile an der Gelenkstelle bewegen. Im folgenden Tanzspiel bewegen sich alle Kinder zu Musik durch den Raum. Stoppen Sie die Musik und rufen Sie den Namen/die Körperstelle eines Gelenkes laut in den Raum. Schalten Sie die Musik wieder an und die Kinder dürfen nur noch das genannte Gelenk bewegen. Nach einigen Sekunden rufen Sie: „Alle quer durch den Raum!" Die Kinder bewegen sich nun, wie sie möchten, bis ein neues Gelenk angesagt wird usw.

2. DAS IST MEIN KÖRPER! – KÖRPERWISSEN GANZ PRAKTISCH

Körperteile auf Papier

- **Alter:** ab 3 Jahren
- **Teilnehmer*innen:** ab 2 Kinder
- **Das benötigen Sie:** Fingerfarben, Pinsel, Schälchen, nasse Lappen, Handtücher, Papierrolle/Tapetenrolle, Malerkreppband, Abdeckfolie

Vorbereitung
Legen Sie den Fußboden mit Abdeckfolie aus und kleben Sie diese mit Malerkreppband fest. Fixieren Sie größere Papierbahnen (z.B. von einer Tapetenrolle) mit Malerkreppband auf der Abdeckfolie. **Tipp:** Es wäre sinnvoll, diese recht farbenfrohe Aktion in einem Waschraum durchzuführen oder bei warmem Wetter draußen. Halten Sie nasse Lappen und Handtücher bereit, mit denen die Körperteile schnell gesäubert und abgetrocknet werden können.

So geht's
Jedes Kind bemalt seine Handinnenflächen mit Fingerfarben und drückt diese auf das Papier. Regen Sie dazu an, weitere Körperteile anzumalen und davon einen Abdruck zu machen. So können z.B. auch einzelne Fingerspitzen, die Unterseite der Füße, die Zehen, die Knie, die Ellenbogen, die Nase oder die Unterarme benutzt werden. Am Ende wird das Gemeinschaftsbild betrachtet. Von welchen Körperteilen stammt welcher Abdruck?

Körperteile-Tausch-Spiel

- **Alter:** ab 3 Jahren
- **Teilnehmer*innen:** ab 2 Kinder
- **Das benötigen Sie:** Fotokamera, Fotodrucker, Schere; ggf. Perücke, Schminke oder Kostüme zum Verkleiden

2. DAS IST MEIN KÖRPER! – KÖRPERWISSEN GANZ PRAKTISCH

Vorbereitung
Fotografieren Sie jedes Kind auf dem Rücken liegend. Das Kind darf dabei Grimassen machen, eine Perücke auf dem Kopf haben, sich vorher schminken oder auch verkleiden. Die Fotos werden ausgedruckt und so zerschnitten, dass der Kopf, der Oberkörper und der Unterkörper voneinander getrennt sind. Auf die Rückseiten aller Kopf-Bilder wird eine „1" geschrieben, auf die Rückseiten aller Oberkörper-Bilder eine „2" und auf die Unterkörper-Bilder eine „3".

So geht's
Die Kinder sitzen am Tisch oder auf dem Fußboden. Es werden drei Kartenstapel mit den ausgeschnittenen Körperteilfotos gebildet. Alle mit einer „1", alle mit einer „2" und alle mit einer „3" auf der Rückseite werden – mit der Abbildung nach unten – auf einen Stapel gelegt. Nacheinander darf sich nun jedes Kind von jedem Stapel eine Karte nehmen und verdeckt vor sich hinlegen. Haben alle Kinder drei Karten, zählen sie gemeinsam: „1, 2, 3". Auf „3" drehen alle blitzschnell ihre Karten um und setzen sie zu einer Körperabbildung zusammen. Welches Kind ist denn da entstanden? Der Oberkörper ist doch von Ahmed, man erkennt sein knallgrünes T-Shirt. Aber der Kopf ist von Lisa. Und von wem sind die Beine? Sind alle Figuren angeschaut, werden die Karten weggelegt und das Spiel beginnt von vorn.

Auf welchen Körperteil kann ich mal verzichten?

Alter:	ab 4 Jahren
Teilnehmer*innen:	ab 3 Kinder
Das benötigen Sie:	ggf. Redestein

So geht's
Jeder Körperteil des Menschen ist sinnvoll und gut zu gebrauchen. Erst wenn ein Körperteil „ausfällt", merkt man, wie wichtig er ist. Wenn man sich z. B. einen Arm gebrochen hat und ihn schonen muss, kann das sehr beeinträchtigend sein.

Regen Sie die Kinder in einem Gesprächskreis zum Nachdenken an, indem Sie fragen: „Auf welchen Körperteil könntest du am ehesten für ein paar Tage verzichten?" Fordern Sie sie auf, ihre Ideen zu äußern. Dabei kommt es vielleicht zu Antworten

2. DAS IST MEIN KÖRPER! – KÖRPERWISSEN GANZ PRAKTISCH

wie: „Die Nase. Riechen ist nicht so wichtig wie Sehen oder Hören." Andere Kinder widerlegen dies wahrscheinlich schnell: „Dann riechst du aber nicht, ob es in deiner Wohnung brennt! Das ist doch gefährlich", „Dann fällt dir doch die Brille runter, wenn du keine Nase mehr hast", „Dann riechst du nicht, ob du Schokokuchen oder Schwarzbrot isst" oder „Wer nicht riechen kann, kann auch nicht schmecken!"

Unterstützen Sie die Kinder, gemeinsam zu überlegen, ihre Gedanken zu äußern, sie möglicherweise zu verwerfen und sich wieder neue Gedanken zu machen. Eine einzig richtige Antwort wird es selbstverständlich nicht geben. Es wird aber deutlich werden, wie wichtig die einzelnen Körperteile sind.

Hinweis

Möglicherweise kommt bei dieser Aktion das Thema „Menschen mit Behinderung" auf. Es gibt Menschen, die zwar Beine haben, aber nicht laufen können. Oder es gibt Menschen, die Augen haben, aber nicht sehen können. Heben Sie hier hervor, dass diese Menschen mit ihrer Einschränkung meistens gut klarkommen, wenn es ihnen ermöglicht wird. Ein Mensch, der nicht laufen kann, kann z. B. in einem Rollstuhl fahren und sich fortbewegen. Dafür braucht er allerdings eine Umgebung, in der er mit seinem Rollstuhl überallhin (z. B. in die Kita, in den Supermarkt, auf den Spielplatz, in den Keller) kommt. Das ist leider jedoch nicht immer gegeben und das ist dann das, was den Menschen wirklich behindert.

TiPP

Da es in einem Gesprächskreis viel zu erzählen gibt, kann der Einsatz eines Redesteins sinnvoll sein. Das Kind, das gerade reden möchte, hat den Stein in der Hand. Währenddessen dürfen die anderen Kinder nicht sprechen. Wenn das sprechende Kind seinen Redebeitrag beendet hat, gibt es den Stein an ein Kind weiter, das sich meldet. Dieses ist dann an der Reihe. Achten Sie darauf, dass alle Kinder der Gruppe den Stein einmal bekommen und zu Wort kommen.

2. DAS IST MEIN KÖRPER! – KÖRPERWISSEN GANZ PRAKTISCH

Schaut her, was mein Körper alles kann!

Alter: ab 3 Jahren
Teilnehmer*innen: ab 2 Kinder

So geht's
Jeder Mensch hat besondere körperliche Fähigkeiten. Fordern Sie die Kinder auf, ihre besonderen Körperfähigkeiten einander vorzustellen. Die anderen Kinder können probieren, ob sie das auch schaffen. Vielleicht fallen ihnen durch das Ausprobieren und Nachmachen eigene Fähigkeiten auf, von denen sie selbst noch gar nichts gewusst haben …

Beispiele für einige besondere Körperfähigkeiten sind:
- mit der Zunge die Nasenspitze berühren
- die Zunge rollen
- mit den Ohren wackeln
- mit den Nasenflügeln beben
- den Daumen besonders weit zum Unterarm biegen
- Schielen
- die Augen so verdrehen, dass nur das Weiße der Augen zu sehen ist
- einen Spagat machen

Du bist toll, weil …

Alter: ab 3 Jahren
Teilnehmer*innen: ab 3 Kinder
Das benötigen Sie: Sitzkissen

Vorbereitung
Legen Sie ein Sitzkissen in die Mitte eines Sitzkreises.

2. DAS IST MEIN KÖRPER! – KÖRPERWISSEN GANZ PRAKTISCH

So geht's

Die Kinder setzen sich im Kreis um das Sitzkissen. Ein Kind darf sich auf das Kissen in die Mitte setzen. Nun darf reihum jedes Kind dem Kind in der Mitte erzählen, was es ganz besonders an seinem Körper und seinen körperlichen Fähigkeiten mag, wie z. B.: „Ich mag deine Hautfarbe!" „Ich finde es großartig, dass du einen Kopfstand an der Wand kannst!" „Ich finde deine Sommersprossen super!" „Ich finde es großartig, dass du immer so bunte Haarbänder im Haar hast!" Wenn jedes Kind einmal etwas gesagt hat, darf ein anderes Kind sich in die Kreismitte setzen und das Spiel beginnt von vorn.

Mein Körper fühlt sich super an!

Alter: ab 3 Jahren
Teilnehmer*innen: ab 3 Kinder

So geht's

Die Kinder sitzen im Kreis. Bitten Sie sie, darüber nachzudenken, was sich an ihrem Körper besonders gut anfühlt. Geben Sie ein paar Impulse, wie etwa:

- Es fühlt sich schön an, wenn ich mit ausgebreiteten Armen und mit Rückenwind über die Wiese renne.
- Es kitzelt so schön, wenn ich mit den Fingern ganz leicht über die Innenseite meines Oberarms streiche.
- Es kitzelt herrlich im Bauch, wenn ich ganz hoch schaukle.
- Es fühlt sich schön auf der Haut an, wenn ich in einer warmen Badewanne sitze.
- Es fühlt sich schön an, wenn mein Freund mir über den Kopf streichelt.
- Es fühlt sich schön an, wenn ich meine Füße barfuß im warmen Sand vergrabe.

Regen Sie die Kinder an, sich über angenehme Körpergefühle auszutauschen. Vielleicht können ein paar Erfahrungen ausprobiert werden. Es kann deutlich werden, dass jedes Kind ein eigenes Empfinden dafür hat, was sich gut anfühlt und was nicht. Für den*die eine*n ist Kitzeln ein schreckliches Gefühl und für den*die andere*n aufregend schön.

2. DAS IST MEIN KÖRPER! – KÖRPERWISSEN GANZ PRAKTISCH

Halb Mensch, halb Tier – Was hättest du gern?

Alter: ab 3 Jahren
Teilnehmer*innen: ab 2 Kinder
Das benötigen Sie: Bilder von Tieren, Tier-Lexika, Tier-Sachbilderbücher

So geht's

Die Kinder sitzen im Kreis. Regen Sie sie zum Nachdenken und Erzählen an, indem Sie z. B. sagen: „Ich hätte gern Stacheln wie ein Igel. Dann könnte ich mich schnell vor Feinden schützen", oder: „Ich hätte gern mein Haus auf dem Rücken wie eine Schnecke, dann hätte ich nicht so einen weiten Heimweg nach der Kita. Was hättet ihr denn gern, das nur Tiere haben und Menschen nicht?" Lassen Sie die Kinder zum Ideenfinden sich Tier-Bilder, Tier-Lexika oder Tier-Sachbilderbücher ansehen. Dabei lassen sie sich bestimmt noch zu anderen Mensch-Tier-Kreationen inspirieren.

Weitere Anregungen für die Ideenfindung sind:

- Ich hätte gern einen Rüssel, mit dem ich die Süßigkeiten-Kiste vom Schrank holen kann, wenn Mama nicht hinguckt.
- Ich wäre gern so schnell wie ein Leopard.
- Ich hätte gern Flügel, mit denen ich fliegen kann.
- Ich wäre gern so klein wie eine Mücke, damit mich niemand sieht und ich alles beobachten kann.
- Ich will gern so gut klettern können wie ein Eichhörnchen.

Anschließend dürfen die Kinder sich mit den körperlichen Tier-Eigenschaften malen, die sie gern hätten. So kann sich beispielsweise ein Kind mit vielen Beinen malen, mit denen es schnell rennen kann, und bunten Schmetterlingsflügeln, mit denen es im Falle einer Verfolgung flink wegflattern kann. Abschließend können die Kinder im Sitzkreis den anderen ihre Bilder erläutern.

2. DAS IST MEIN KÖRPER! – KÖRPERWISSEN GANZ PRAKTISCH

Mein Körper kann sprechen – Tiere erraten

Alter: ab 4 Jahren
Teilnehmer*innen: ab 3 Kinder

So geht's
Ein Kind beginnt und flüstert Ihnen das Tier ins Ohr, das es pantomimisch darstellen wird. Es beginnt, ohne zu sprechen, das Tier zu imitieren. Die anderen Kinder dürfen raten, welches Tier es ist.

Möglicherweise ist es für einige Kinder zu schwer, sich geeignete Tiere auszudenken. Tiere, die gut stereotypisch darzustellen sind und bei denen die meisten Kinder auch den Namen kennen, sind:
- Hund
- Pferd
- Vogel
- Schlange

Variation
Die Kinder können auch Gefühle pantomimisch darstellen, wie z. B. Wut, Trauer, Freude oder Angst.

Mein Körper ist einzigartig!

Alle menschlichen Körper sind sehr gleich und doch auch verschieden. Der **Grundaufbau** des menschlichen Körpers ist bei allen gleich. Deshalb erkennt man einen Menschen schnell als einen Menschen. Selbst die Zeichnung eines Strichmenschen wird als Mensch wahrgenommen. Bei genauerer Betrachtung allerdings ist zu sehen, dass der **Körperbau** und das **Aussehen** eines jeden Menschen unverwechselbar sind. Jeder Mensch ist auf seine Art und Weise einzigartig. (Vgl. Stiftung „Haus der kleinen Forscher" 2016, S. 19)

2. DAS IST MEIN KÖRPER! – KÖRPERWISSEN GANZ PRAKTISCH

Viel gemeinsam, doch nicht gleich

Alter:	ab 3 Jahren
Teilnehmer*innen:	4–7 Kinder
Das benötigen Sie:	(falls möglich) großen Spiegel

So geht's
Die Kinder sitzen im Kreis. Regen Sie sie dazu an, zu benennen, was alle körperlich gemeinsam haben. Die Antworten können schnell überprüft werden. Falls die Kinder nicht auf geeignete Antworten kommen, geben Sie Impulse, indem Sie z. B. sagen: „Der Grundaufbau des Körpers ist gleich. Er hat immer Kopf, Hals, Brust, Bauch, Arme, Finger usw." Bei näherer Betrachtung werden die Kinder feststellen, dass die Gemeinsamkeiten sich in vielerlei Hinsicht sehr unterscheiden. Vielleicht meint ein Kind: „Alle Kinder hier haben Haare auf dem Kopf." Ein anderes wird sagen: „Aber Mika hat einen Zopf und Helena ganz kurze Haare." Hier sollten Sie darauf lenken, wie einzigartig jedes Kind ist. Alle haben einen Fuß, aber sieht denn jeder Fuß gleich aus? Wie sehen die Zehen aus? Paul hat z. B. einen besonders großen „kleinen Zeh" …

Diese weiteren Impulse können Sie z. B. geben:
- Ohren (abstehend/anliegend, angewachsenes Ohrläppchen …)
- Augen (Form, Farbe, Farbe der Wimpern)
- Augenbrauen (Form, Farbe, viel/wenig)
- Haut (Farbe, Sommersprossen, Leberflecken …)

Wer hat was? – Bewegungsspiel

Alter:	ab 3 Jahren
Teilnehmer*innen:	ab 3 Kinder
Das benötigen Sie:	Stühle (je nach Anzahl der Mitspieler*innen)

2. DAS IST MEIN KÖRPER! – KÖRPERWISSEN GANZ PRAKTISCH

So geht's

Die Kinder sitzen auf Stühlen im Kreis. Geben Sie das Kommando: „Alle Kinder hopsen in den Kreis, die (z. B.) kurze Haare haben!" Alle Kinder, die kurze Haare haben, springen von ihren Stühlen auf und bewegen sich in die Kreismitte. Die Kinder kontrollieren: Haben alle Kinder kurze Haare, die in der Mitte sind? Sitzt noch ein Kind mit kurzen Haaren auf dem Platz? Anschließend setzen sich alle Kinder wieder auf ihren Stuhl und die nächste Runde beginnt.

Das können die Kinder noch haben, die in den Kreis hopsen sollen:
- lange Haare
- Sommersprossen
- angewachsene Ohrläppchen
- grüne Augen
- einen Bauchnabel

„Normal" – gibt es nicht!

Alter: ab 5 Jahren
Teilnehmer*innen: ab 2 Kinder
Das benötigen Sie: Bilderbuch zum Thema (s. Buchtipps unten), ggf. Redestein

So geht's

Die Kinder sitzen im Kreis. Regen Sie sie an, über das Wort „normal" nachzudenken. Was ist ein „normaler" Körper? Wie sieht er aus? Wie funktioniert er? Gibt es einen „unnormalen" Körper? Fordern Sie die Kinder auf, reihum ihre Vorstellungen zu äußern. Ein Redestein kann hier helfen, dass jede*r auch die Gelegenheit bekommt, sich zu äußern.

In den meisten Fällen können die Vorstellungen der Kinder schnell ins rechte Licht gerückt werden. Sie können mit einem Bilderbuch, das die unterschiedlichen Erscheinungsformen des menschlichen Körpers thematisiert (s. Buchtipps), zeigen, dass es „normal" im Prinzip nicht gibt. Dafür sind die Menschen zu unterschiedlich. Für jedes Kind ist das „normal", was es kennt. Das, was ihm nicht vertraut ist, ist zunächst befremdlich oder sogar beängstigend. Für eine*n Rollstuhlfahrer*in ist es

2. DAS IST MEIN KÖRPER! – KÖRPERWISSEN GANZ PRAKTISCH

„normal", dass er*sie nicht laufen kann und für eine Person mit einer großen Nase ist das eben „normal". Egal wie verschieden alle Körper auch sind, alle haben weit mehr Gemeinsames als Unterschiedliches.

BUCHTIPPS FÜR KINDER

- *Brownjohn, Emma:* **Groß, Klein, Dick, Dünn.** Ich mag mich, wie ich bin, Gabriel in der Thienemann-Esslinger Verlag GmbH: Stuttgart 2003 (ab 3 Jahren)
- *Eismann, Sonja:* **Bilderbuchkarten „Wie siehst du denn aus?"** Beltz Verlag: Weinheim 2021 (ab 6 Jahren)
- *Fiske, Anna:* **Alle haben einen Po**, Hanser Verlag: München 2021 (ab 4 Jahren)
- *Leone, Annika/Johansson, Bettina:* **Überall Popos**, Klett Kinderbuch Verlag: Leipzig 2020 (ab 4 Jahren)

Körper-Memo

Alter: ab 5 Jahren
Teilnehmer*innen: ab 2 Kinder
Das benötigen Sie: Fotokarton, Kleber, Schere, Klebefolie, Fotoapparat

So geht's

Die Kinder fotografieren mit Ihrer Hilfe ein Körperteil. Der gleiche Körperteil wird auch bei einem anderen Kind fotografiert. Die ausgedruckten Fotos werden auf Fotokarton geklebt und in der Fotogröße ausgeschnitten. Anschließend werden sie mit einer selbstklebenden, durchsichtigen Folie versehen. Es sollten ca. fünf Paare angefertigt werden (z. B. zwei Nasen, zwei Ohren, zwei Knie, zwei Daumen, zwei Ellenbogen). Nun kann das Memo nach den klassischen Regeln gespielt werden! Beim Betrachten der Paare wird deutlich, dass es sich zwar um den gleichen Körperteil handelt, diese jedoch nicht völlig identisch aussehen.

2. DAS IST MEIN KÖRPER! – KÖRPERWISSEN GANZ PRAKTISCH

Polizei im Dunkeln: Verbrecher*innen erkennen

Alter: ab 4 Jahren
Teilnehmer*innen: 4–6 Kinder
Das benötigen Sie: Tuch zum Verbinden der Augen, Stuhl

So geht's

Ein Kind ist der Polizist oder die Polizistin. Es wäscht sich vor „Arbeitsbeginn" gründlich die Hände. Dann werden ihm*ihr die Augen mit dem Tuch verbunden. Körpersprachlich verständigen sich die Kinder, welches Kind sich auf den Verbrecher*innen-Stuhl setzt. Das Kind setzt sich. Es darf nicht gesprochen werden. Der*die Polizist*in tastet mit den Händen vorsichtig das Gesicht des sitzenden Kindes ab. Es muss erraten, um welches Kind es sich dabei handelt. Kann der*die Verbrecher*in identifiziert werden? Nach drei Versuchen darf das Kind die Stimme zu Hilfe nehmen, um sich erkenntlich zu machen.

TiPP

Achten Sie bitte aus hygienischen Gründen darauf, dass jedes Kind eine eigene Augenbinde hat, die nur das eine Kind benutzt. So beugen Sie der Ansteckungsgefahr von Bindehautentzündungen vor.

2. DAS IST MEIN KÖRPER! – KÖRPERWISSEN GANZ PRAKTISCH

„Gesucht wird ..." – Steckbrief

Alter: ab 5 Jahren
Teilnehmer*innen: ab 2 Kinder
Das benötigen Sie: Papier, Stifte, kleine Spiegel

So geht's

Manchmal suchen Menschen bestimmte Menschen. Sie können sie nicht erreichen und dann hängen sie einen „Steckbrief" auf. Auf dem ist ein Bild oder Foto des gesuchten Menschen zu sehen und ganz besondere Merkmale werden beschrieben, die den Menschen unverwechselbar machen. Je genauer die Beschreibung des Menschen ist, desto höher ist die Wahrscheinlichkeit, den*die Richtige*n zu finden!

Die Kinder bekommen Papier und Stifte und haben die Aufgabe, sich selbst möglichst ganz genau zu malen. Um bestimmte Sachen nachzuschauen, bekommen sie kleine Spiegel. Wo genau ist der Leberfleck auf meiner Stirn? Wie lang ist mein Pony eigentlich? Wie genau sieht meine Augenfarbe aus?

Die fertigen Bilder werden am Ende mit der ganzen Gruppe gemeinsam betrachtet. Welche Details sind gemalt, die das Kind tatsächlich unverwechselbar machen? Fehlen irgendwo wichtige Details? Können die Bilder, den richtigen Personen zugeordnet werden? Es ist auch möglich, Kindern aus anderen Gruppen die Bilder zu zeigen. Können sie erkennen, wer darauf zu sehen ist? Woran können sie es erkennen?

Welche Farbe hat deine Haut?

Alter: ab 3 Jahren
Teilnehmer*innen: ab 3 Kinder
Das benötigen Sie: Wasserfarben, Papier, Klebeband, Pinsel, Wasserbehälter, Wasser

2. DAS IST MEIN KÖRPER! – KÖRPERWISSEN GANZ PRAKTISCH

So geht's

Es gibt viele Hautfarben, die Menschen haben können. Jeder Mensch hat einen eigenen Hautton. Die Kinder haben die Aufgabe, ihren eigenen Hautton zu mischen und auf ein Papier zu bringen. Schnell wird klar, dass nicht alle Kinder „schweinchenrosa" sind, was in vielen Kitas auch als „hautfarben" bezeichnet wird. An dieser Stelle kann auch richtiggestellt werden, dass „Hautfarbe" der völlig falsche Begriff für diesen Farbton ist. Genauso gut könnte Braun oder Schwarz als Hautfarbe betitelt werden. Am Ende werden die einzelnen Farbblätter der Kinder zu einem großen Bild zusammengelegt. Dieses besteht häufig aus vielen unterschiedlichen Beige- und Brauntönen.

GUT ZU WISSEN

Die Hautfarbe eines Menschen ergibt sich von Mutter und Vater, die ihre Hauttöne auf das Baby vererben. Dunkle Hauttöne haben mehr Farbstoffe als helle Hauttöne. Die Farbstoffe schützen die Haut vor Sonnenstrahlung. Dunkelhäutige Menschen sind also von Natur aus besser vor der Sonne geschützt als Menschen mit einer hellen Hautfarbe. (Vgl. Von der Gathen/Kuhl 2021, S. 35)

Ich finde meinen Körper großartig, weil …

Alter: ab 4 Jahren
Teilnehmer*innen: ab 5 Kinder

So geht's

Die Kinder sitzen im Kreis. Bitten Sie jedes Kind, zu überlegen, was es an seinem Körper besonders großartig findet. Das erste Kind beginnt und sagt z. B.: „Ich finde meinen Körper großartig, weil ich mit ihm auf die Rutsche klettern kann." Dann kommt das nächste Kind dran. Es wiederholt das zuvor Gesagte nach dem Prinzip des traditionellen Spiels „Ich packe meinen Koffer": „Gunnar findet seinen Körper großartig, weil er mit ihm auf die Rutsche klettern kann. Ich finde meinen Körper großartig, weil meine Sommersprossen aussehen wie kleine Wunschpunkte."

2. DAS IST MEIN KÖRPER! – KÖRPERWISSEN GANZ PRAKTISCH

Dann ist das nächste Kind an der Reihe. Dieses Prinzip wird fortgeführt, bis alle Kinder einmal mitgemacht haben. Weiß ein Kind mal nicht weiter, helfen die anderen Kinder mit.

Hinweis
Anhand von Gesten merken sich Kinder das Gesagte besser. So können alle Kinder, z. B. bei der Aussage „Ich finde meinen Körper großartig, weil ich mit ihm auf die Rutsche klettern kann" mit ihren Armen und Beinen Kletterbewegungen machen.

Bilderbuchbetrachtung: „Alle behindert!" – stimmt das?

Alter: ab 5 Jahren
Teilnehmer*innen: ab 2 Kinder
Das benötigen Sie: Buch: *Klein, Horst/Osberghaus, Monika:* **Alle behindert!** 25 spannende und bekannte Beeinträchtigungen in Wort und Bild, Klett Kinderbuch Verlag: Leipzig 2019

So geht's
In dem Buch „Alle behindert!" wird in Steckbriefen sehr humorvoll über die gängigsten Behinderungen informiert. Jedes der dargestellten Kinder hat eine Form von „Behinderung", also etwas, das es im Alltag bei irgendeiner Sache beeinträchtigt. So werden z. B. ein Mädchen mit Down-Syndrom, ein Mädchen mit Schönheitswahn, ein Junge mit Spastik oder ein Junge, der ein totaler Angeber ist, als „behindert" vorgestellt. Am Ende des Buches können die Kinder ihren Steckbrief ausfüllen und über ihre eigene „Behinderung" nachdenken. Fordern Sie sie auf, sich etwas zu überlegen, was sie selbst an sich beeinträchtigend finden (oder was andere beeinträchtigend an ihnen finden könnten), und ihre Einfälle zu äußern.

Aussagen der Kinder könnten sein:
- Ich habe Angst, in den Keller zu gehen, um etwas zu holen.
- Ich habe eine Brille. Ohne sie kann ich nicht gut sehen.
- Ich kriege schnell einen Sonnenbrand im Sommer.
- Ich kann nicht so gut hören, wie andere.

2. DAS IST MEIN KÖRPER! – KÖRPERWISSEN GANZ PRAKTISCH

Überlegen Sie mit den Kindern, was man tun kann, damit die vermeintliche Behinderung das jeweilige Kind nicht mehr beeinträchtigt.

Ideen von den Kindern dazu könnten z. B. sein:
- Wenn ich Angst habe, in den Keller zu gehen, um etwas zu holen, kann ich ein Lied singen und mich damit ablenken. Oder ich frage eine*n Erwachsene*n, ob er*sie mich begleitet.
- Weil ich nicht gut sehe, muss ich immer daran denken, meine Brille aufzusetzen.
- Damit ich keinen Sonnenbrand im Sommer bekomme, muss ich darauf achten, viel im Schatten zu sein, einen Sonnenhut aufzusetzen und Sonnencreme zu benutzen.
- Weil ich nicht so gut höre wie andere, habe ich ein Hörgerät. Mit dem kann ich richtig gut hören.

Im Erzählkreis werden die Vorschläge der Kinder wertschätzend diskutiert.

Mein Körper gehört mir!

Wenn es um die Beschäftigung mit dem eigenen Körper, Körperpflege und der Verantwortung für den eigenen Körper geht, muss den Kindern auch ihr Recht auf **körperliche Selbstbestimmung** nahegebracht werden.

Das Recht auf körperliche und sexuelle Selbstbestimmung und auf Schutz vor Grenzverletzungen zählt zu den Kinderrechten. Ein verbales Aufklären ist nicht ausreichend. Die pädagogischen Fachkräfte müssen bei ihrer Arbeit in der Kita stets darauf achten, das körperliche Selbstbestimmungsrecht der Kinder nicht zu übergehen. Den Kindern sollte in **alltäglichen Situationen** bewusst gemacht werden, dass sie **selbst entscheiden** dürfen, wenn andere etwas mit ihrem Körper machen. So sollte ein Erzieher oder eine Erzieherin beispielsweise das traurige Kind fragen, ob es zum Trost in den Arm genommen werden möchte, oder das panische Kind auf dem Klettergerüst fragen, ob er*sie das Kind herunterheben darf. Dasselbe gilt selbstverständlich auch für alle Spiele, die mit Berührungen einhergehen können.

Grundsätzlich darf kein Kind zu etwas gezwungen werden. Auch bei Spielen mit Berührungen sollte es nicht überredet oder mehrfach motiviert werden. Ein „Nein!" ist ein Nein und das Kind entscheidet, ob und wann es mitmachen möchte.

2. DAS IST MEIN KÖRPER! – KÖRPERWISSEN GANZ PRAKTISCH

GUT ZU WISSEN

Ein deutliches, sicheres „Nein!" muss trainiert werden, sonst kann es im Ernstfall möglicherweise nur zögerlich kommen. Darüber hinaus muss den Kindern vermittelt werden, dass sie sich Hilfe von Erwachsenen holen müssen, wenn das Nein vom Gegenüber nicht akzeptiert wird.

Dazu sage ich: „Nein!"

Alter: ab 3 Jahren
Teilnehmer*innen: ab 3 Kinder

So geht's
Setzen Sie sich mit den Kindern in einen Kreis. Geben Sie verschiedene Situationen vor, welche die Kinder mit einem entschiedenen und lauten „Ja!" oder „Nein!" beantworten können.

Einige mögliche Situationen sind:
- Badest du gern in eiskaltem Wasser?
- Magst du gern von einer fremden Frau durchgekitzelt werden?
- Magst du gern von deiner Mama oder deinem Papa ein kleines bisschen durchgekitzelt werden?
- Läufst du gern barfuß im warmen Sand?
- Magst du es, Hosen zu tragen, die auf der Haut kratzen?

Nutzen Sie die Möglichkeit, bei einigen Aussagen mit den Kindern darüber ins Gespräch zu kommen, dass jedes Kind unterschiedliche Dinge oder Situationen mag. So lieben es z. B. manche Kinder, wenn ihnen die Haare gewaschen werden, und für andere ist es ein notwendiges Übel. Sie können auch mit den Kindern herausarbeiten, dass es oft von den dazugehörigen Personen abhängt, ob sich etwas gut anfühlt oder nicht. Viele Kinder mögen es, wenn Papa ihnen einen Kuss gibt. Wenn eine fremde Person dieses tut, fühlt es sich falsch oder unangenehm an. Das ist es dann auch! Dazu ist es möglich, dass sich das Gefühl von dem, was man mag, ändern kann. An einem Tag ist es schön, wenn Mama einem die Haare bürstet, am anderen Tag gar nicht.

2. DAS IST MEIN KÖRPER! – KÖRPERWISSEN GANZ PRAKTISCH

„Nein!"-Rollenspiel

Alter: ab 5 Jahren
Teilnehmer*innen: ab 3 Kinder
Das benötigen Sie: 1 Hut

So geht's

Alle sitzen im Kreis. Setzen Sie sich einen Hut auf, gehen Sie zu einem Kind und fragen Sie es etwas, was es höchstwahrscheinlich mit „Nein!" beantworten wird. Das könnte z. B. sein: „Willst du mal an meinen Socken riechen? Die stinken herrlich nach Käse!" Überhören Sie dabei ein leises oder zögerliches „Nein!" des Kindes und fragen Sie weiter: „Ok, willst du erst am linken oder erst am rechten Socken schnuppern?" Reagieren Sie nur bei einem überzeugenden, sicheren und sehr lauten „Nein!" des Kindes – vor allem, wenn es noch eine entsprechend bekräftigende Mimik oder Gestik macht. Anschließend darf ein anderes Kind den Hut aufsetzen und das Rollenspiel beginnt von vorn …

BUCHTIPP FÜR KINDER

Braun, Gisela/Wolters, Dorothee: **Das große und das kleine NEIN!**, Verlag an der Ruhr: Mülheim an der Ruhr 2021 (ab 4 Jahren)

2. DAS IST MEIN KÖRPER! – KÖRPERWISSEN GANZ PRAKTISCH

Zum Umgang mit Sexualität in der Kita

Wenn es um Körperlichkeit geht, ist die kindliche Sexualität nicht auszuklammern. Kinder sind sexuelle Wesen, wobei ihre Sexualität mit der von Erwachsenen nichts zu tun hat. Die kindliche Sexualität ist spielerisch, oft zufällig und neugierig. Sie tun das, was sich spontan gut anfühlt. Es geht um einen **sinnlichen** und **ganzkörperlichen Lustgewinn.** Für Kinder sind Sinnlichkeit, Zärtlichkeit und genitale Sexualität eins. Kinder äußern ihre Sexualität in der Kita auf unterschiedliche Weise. Ein Kind kitzelt oder krault sich selbst oder eine Freundin liebevoll, andere genießen es, nackt im Außengelände umherzurennen und den Wind auf der Haut zu spüren, oder andere Kinder erkunden – ohne von Erwachsenen dabei beobachtet zu werden – ihre Körper in Form von Rollenspielen.

Grundsätzlich ist eine **positive Haltung** gegenüber kindlichen, sexuellen Äußerungen wichtig für die sexuelle Entwicklung der Kinder. Das bedeutet nicht, dass z. B. eine Erzieherin es dulden muss, wenn ein Kind ihr an die Brust fasst oder beim Essen mit dem eigenen Penis spielt. Selbstverständlich müssen Kinder lernen, die **Schamgrenzen** der anderen genauso wahrzunehmen, ernst zu nehmen und zu akzeptieren wie ihre eigenen. Mit einer sexualfreundlichen Haltung ist vielmehr gemeint, die sexuellen Äußerungen des Kindes und das Interesse an Körperlichkeit positiv zu sehen und nicht zu übergehen oder zu verbieten. Die Kinder benötigen in der Kita Raum und Zeit, um ihren Körper zu erforschen. Dieses findet manchmal in sogenannten „Doktorspielen" statt. Es ist sinnvoll, für diese Erkundungsspiele, welche die Kinder unter sich und nicht mit Erwachsenen spielen, **klare Spielregeln** aufzustellen. Diese stellen sicher, dass es nicht zu Grenzverletzungen oder Machtmissbrauch kommt.

Einige Beispiele für mögliche Regeln sind:
- Jedes Kind bestimmt für sich selbst, ob es mitspielen möchte.
- Jedes Kind darf jederzeit das Spiel verlassen.
- Das Spiel muss sich für alle, die mitspielen, schön anfühlen.
- Kinder dürfen sich nichts in den Po oder in die Scheide einführen.
- Wenn jemand „Stopp!" sagt, ist das Spiel sofort vorbei.

Auch wenn die Spiele im Verborgenen stattfinden, sollten die pädagogischen Fachkräfte das **Geschehen nicht aus den Augen verlieren,** um bei Grenzverletzungen ggf. eingreifen zu können. Nicht immer geht ein unfreiwilliges Mitspielen bei „Doktorspielen" mit sichtbarer Gewalt und lautem Protest einher. Insbesondere wenn ein Machtgefälle zwischen den Kindern besteht, beispielsweise wenn ältere Kinder mit einem jüngeren Kind spielen oder ein Kind sich in der deutschen Sprache nur schwer verständigen kann, müssen die pädagogischen Fachkräfte die Teilnahme am Spiel auf Freiwilligkeit überprüfen. Manchmal ist der Beginn eines Spieles freiwillig und wenn Kinder nicht mehr mitspielen wollen, kippt es ins unfreiwillige Weiterspielen. (Vgl. Hubrig 2014, S. 43 ff.)

BUCHTIPPS FÜR KINDER

- *Apenrade, Susa:* **Ich kenn dich nicht, ich geh nicht mit**, Arena Verlag: Würzburg 2020 (ab 3 Jahren)
- *Braun, Gisela/Wolters, Dorothee:* **Melanie und Tante Knuddel**, Mebes und Noack Verlag: Köln 2006 (ab 4 Jahren)
- *Geisler, Dagmar:* **Mein Körper gehört mir,** Loewe Verlag: Bindlach 2019 (ab 5 Jahren)
- *Mebs, Marion/Sandrock; Lydia:* **Kein Küsschen auf Kommando**, Mebes und Noack Verlag: Köln 1992 (ab 3 Jahren)

DAS IST WICHTIG! – ALLTÄGLICHE KÖRPERPFLEGE GANZ PRAKTISCH

3. DAS IST WICHTIG! – ALLTÄGLICHE KÖRPERPFLEGE GANZ PRAKTISCH

Hände waschen

Wie bereits im ersten Kapitel beschrieben (s. S. 5–10), sollten die täglichen, notwendigen Handlungen der Körperpflege in der Kita als **Ritual** gestaltet werden. Ergänzend dazu, ist es sinnvoll, die Kinder über den Sinn und Zweck des Rituals aufzuklären. Regelmäßiges und richtiges Händewaschen trägt im hohen Maße dazu bei, die Übertragung von **Infektionskrankheiten** zu **reduzieren.** (Vgl. Bayer. GUVV/Bayer. LUK 2009, S. 4) Krank machende Bakterien und Viren können durch das regelmäßige Händewaschen nicht von Person zu Person weitergegeben werden oder sich auf Gegenstände verteilen.

Beim nachfolgenden Glitzer-Experiment sehen die Kinder selbst, wie das Prinzip der Verbreitung funktioniert.

Das Glitzer-Experiment

Alter:	ab 3 Jahren
Teilnehmer*innen:	ab 1 Kind
Das benötigen Sie:	klebendes Glitzerpulver (oder Mehl)

So geht's

Die Kinder sitzen im Kreis. Fragen Sie sie, warum es wichtig ist, sich regelmäßig die Hände zu waschen. Sie äußern ihre Vermutungen. Möglicherweise wissen sie auch, dass beim Händewaschen krank machende Bakterien und Viren von der Haut gewaschen werden. Das ist wichtig, um nicht selbst krank zu werden und um andere nicht anzustecken. Die Bakterien und Viren können von den Händen an Gegenstände und auch an andere Personen weitergegeben werden. Um das zu verdeutlichen, bekommen die Kinder Glitzerpulver auf ihre Hände. Es stellt die

3. DAS IST WICHTIG! – ALLTÄGLICHE KÖRPERPFLEGE GANZ PRAKTISCH

krank machenden Bakterien und Viren dar. Nun sollen die Kinder ca. zehn Minuten in der Kita spielen, das, was sie möchten. Danach trifft sich die Gruppe wieder im Kreis. Gemeinsam wird gesichtet, an welchen Gegenständen das Glitzerpulver überall kleben geblieben ist. Die Kinder können erzählen, wo sie gespielt haben, und es wird dort nachgeschaut, wie etwa an der Kiste mit den Stiften, auch an den Stiften selbst, an der Türklinke, am Bilderbuch usw. Stellen Sie heraus, dass die Krankheitserreger sich genauso verbreiten, nur diese sind für das menschliche Auge nicht sichtbar. Deshalb müssen wir uns regelmäßig am Tag die Hände waschen.

Abschließend gehen alle gemeinsam in den Waschraum und waschen das Glitzerpulver von den Händen. Wie müssen die Kinder ihre Hände waschen, damit das Glitzerpulver abgeht? Wie lange müssen sie die Hände waschen? Geht es besser mit Seife oder ohne? Fassen Sie am Ende die Tricks für das „richtige Händewaschen" nochmals zusammen.

BUCHTIPP FÜR KINDER

Mottl-Link, Sibylle/Bertrand, Frederic: **In meinem Körper ist was los!** Erklärbuch zum menschlichen Körper und zu Viren, Bakterien und Krankheiten, Loewe Verlag: Bindlach 2016 (ab 4 Jahren)

Händewaschen-Übung

Alter: ab 3 Jahren
Teilnehmer*innen: ab 1 Kind
Das benötigen Sie: Wasser, Seife, Handtuch

So geht's

Üben Sie mit den Kindern das Händewaschen regelmäßig, bis es „in Fleisch und Blut" übergegangen ist. Am Anfang sollten Sie die Kinder regelmäßig anleiten. Wenn die Handlungen verstanden sind, reicht es, dass Sie immer wieder einmal kontrollieren.

3. DAS IST WICHTIG! – ALLTÄGLICHE KÖRPERPFLEGE GANZ PRAKTISCH

Leiten Sie die Kinder beim Händewaschen so an:
1. Lange Ärmel nach oben schieben.
2. Die Hände unter dem Wasserhahn mit laufendem Wasser nass machen.
3. Das Seifenstück (oder Seife vom Seifenspender) nehmen und so in den Händen bewegen, dass die Seife schäumt.
4. Die Seife zurücklegen.
5. Handflächen, Handrücken, Finger, Daumen aneinanderreiben und dabei langsam einen der Einseifsprüche (s. unten) aufsagen.
6. Die Seifenreste abspülen.
7. Die Hände mit dem Handtuch abtrocknen.

Mögliche Einseifsprüche:
- 1, 2, 3, 4, 5, 6, 7, 8, 9 und 10. Nun kann die Seife wieder gehen!
- Die Handflächen reiben, auch die Handrücken und die Daumen und Finger auch. Die lachen vor Entzücken.
- Hände wollen wir sauber machen, so haben Handflächen, Handrücken und alle Finger viel zu lachen.
- Was für ein Zauber! Was für ein Zauber! Ich mache meine Hände sauber! Was für ein Zauber, der ist nicht schwer. Er hilft meiner Gesundheit sehr!
- Wasser, Marsch! Handdusche an! Hände und alle Finger schnell darunter. Das macht sie nicht nur sauber, sondern auch putzmunter.
- Wollt ihr euren Dreck verlieren? Alles schön mit Seife einschmieren: die Handrücken, die Handflächen, die Daumen, die Zeigefinger, die Mittelfinger, die Ringfinger. Was, der kleine Finger ist wasserscheu? Er zappelt und zappelt, bis er sich berappelt. Nun ist er auch mit Seife voll.
- Die Handrücken, die Handflächen, die Daumen, die Zeigefinger, die Mittelfinger, die Ringfinger, die kleinen Finger. Alles wird mit Seife eingeschmiert. Damit alles seinen Dreck verliert!

3. DAS IST WICHTIG! – ALLTÄGLICHE KÖRPERPFLEGE GANZ PRAKTISCH

Bunt, aber sauber!

Alter: ab 3 Jahren
Teilnehmer*innen: ab 1 Kind
Das benötigen Sie: Malseife (verschiedene Farben), Wasser, Handtücher

So geht's
Die Kinder suchen sich eine Farbe der Malseife aus und waschen sich die Hände mit ihr, gemäß der Anleitung (s. S. 44), die sie bereits in der Kita gelernt haben. Sind die Hände an allen Stellen schön farbig?

ACHTUNG!
Achten Sie bei der Verwendung von Malseifen oder auch beim Herstellen von Seifen (Seifenfarben, Duftöle!) auf mögliche Hautunverträglichkeiten der Kinder. Befragen Sie hierzu die Eltern, ob ihre Kinder evtl. Unverträglichkeiten haben bzw. auf bestimmte Stoffe reagieren.

Die Seifen-Fabrik

Alter: ab 4 Jahren
Teilnehmer*innen: ab 1 Kind
Das benötigen Sie: Seifenflocken, Schüssel, lauwarmes Wasser, Seifenfarben, 100 % naturreine Duftöle, Plätzchenausstechformen

So geht's
Die Kinder geben die Seifenflocken in die Schüssel. Sie fügen etwas lauwarmes Wasser hinzu, bis aus den Flocken eine feste Masse entstanden ist. Nun einigen sich die Kinder auf die Seifenfarbe und einen Duft und geben beides nacheinander hinzu. Dann wird die Seifenflockenmasse in Plätzchenformen gegossen. Die fertigen

Seifenstücke müssen in den Plätzchenformen stehen gelassen werden, damit sie aushärten. Am nächsten Tag können sie aus den Formen genommen werden. Bevor die Seife zum Händewaschen benutzt werden kann, sollte sie mindestens eine Woche lang vollständig trocknen.

Variation
Es ist auch möglich, kleine Dinge, wie etwa eine Muschel, einen Stein, Perlen oder Blumen, in die noch nicht getrocknete Seifenmasse zu geben. (Vgl. Kita.de 2021)

BUCHTIPPS FÜR KINDER

- *Sabbag, Britta/Lange, Igor:* **Der kleine Waschbär Waschmichnicht**, arsEdition Verlag: München 2019 (ab 3 Jahren)
- *Volmert, Julia:* **Händewaschen – ich mach mit!** Oder wie man sich vor ansteckenden Keimen schützen kann, Albarello Verlag: Haan 2016 (ab 3 Jahren)
- *Daynes, Katie/Miguens, Marta Alvarenz:* **Vor dem Essen Hände waschen!** Usborne Publishing: Stuttgart 2018 (ab 3 Jahren)

Zähne putzen

In der Kita kann keine einwandfreie **Prophylaxe** durchgeführt werden. Die Verantwortung der Zahnhygiene der Kinder liegt bei den Eltern. In der Kita sollte allerdings eine Gewöhnung an regelmäßiges Zähneputzen erfolgen. Aufgabe ist es, den Kindern eine **einfache Zahnputzanleitung** zu vermitteln. Jedes Kind sollte eine eigene Zahnbürste und einen Zahnputzbecher in der Kita haben. Damit kann **regelmäßiges Zähneputzen** in der Kleingruppe nach dem Frühstück und/oder dem Mittagessen ritualisiert werden. Viele Kitas kooperieren mit Zahnärzt*innen, die in die Kita kommen und die Kinder über Zahngesundheit kindgerecht aufklären. Hierzu gehört nicht nur die Vermittlung einer Zahnputztechnik und die Zahnkontrolle der Kinder, sondern auch die Aufklärung über gesunde Ernährung, welche bei der Zahngesundheit eine bedeutsame Rolle spielt. (Vgl. Prophylaxeteam des Kinder- und Jugendärztlichen Dienstes des Gesundheitsamtes Vechta)

3. DAS IST WICHTIG! – ALLTÄGLICHE KÖRPERPFLEGE GANZ PRAKTISCH

Zahnputzbecher selbst gemacht

Alter:	ab 3 Jahren
Teilnehmer*innen:	ab 1 Kind
Das benötigen Sie:	pro Kind 1 Plastikbecher, buntes Papier, Klebstoff, transparente Klebefolie, Schere, Zeichen des Kindes auf Papier

So geht's

Das Kind schneidet ein persönliches Zeichen aus Papier aus und klebt es mit Klebstoff auf einen Plastikbecher. Aus buntem Papier können dann Schnipsel abgerissen werden und so, wie es jedem Kind gefällt, auf den Becher geklebt werden. Das Zeichen sollte dabei frei und sichtbar bleiben. Am Ende bekleben Sie den Becher von außen mit der transparenten Klebefolie. So hat jedes Kind seinen individuellen Zahnputzbecher, der dann auch in der Kita bleibt.

TIPP

Wenn die Kinder ihre Zahnbürsten vertauschen, birgt es immer ein Infektionsrisiko. Deshalb ist es ratsam, die Zahnbürsten so zu markieren, dass jedes Kind weiß, welche seine Zahnbürste ist.

3. DAS IST WICHTIG! – ALLTÄGLICHE KÖRPERPFLEGE GANZ PRAKTISCH

Zahnbürsten persönlich gestalten

Alter: ab 3 Jahren
Teilnehmer*innen: ab 1 Kind
Das benötigen Sie: Zahnbürste, Zeichen der Kinder auf Papier (s. vorheriges Angebot, Zeichen klein kopiert), buntes Papier, durchsichtiges Klebeband

So geht's
Das Kind schneidet sein Zeichen aus (ggf. mit Ihrer Hilfe) und klebt es auf den Zahnbürstengriff mit durchsichtigem Klebeband. Daneben kann es auf dieselbe Art und Weise wie beim Zahnputzbecher, den Griff der Zahnbürste mit bunten Schnipseln verzieren. Kleben Sie Klebeband über die Papierschnipsel, damit die Verzierung wasserfest ist. So passen Zahnputzbecher und Zahnbürsten zusammen und sind gut jedem Kind zuordenbar.

Die KAI-Zahnputzmethode

Alter: ab 3 Jahren
Teilnehmer*innen: ab 1 Kind
Das benötigen Sie: Zahnbürste, Zahnpasta, Wasser

So geht's
Leiten Sie die Kinder nach einer einfachen Methode zum Zähneputzen an. Orientieren Sie sich dabei an den Buchstaben „K, A, I":
- K = Kauflächen putzen
- A = Außenflächen putzen
- I = Innenflächen putzen

Formulieren Sie für die Kinder noch etwas genauer, was zu tun ist:
- Oben auf allen Backenzähnen putzen!
- Alle Zähne von außen putzen!
- Alle Zähne von innen putzen!

3. DAS IST WICHTIG! – ALLTÄGLICHE KÖRPERPFLEGE GANZ PRAKTISCH

Kita-Zahnputzvers

Alter: ab 3 Jahren
Teilnehmer*innen: ab 1 Kind
Das benötigen Sie: Zahnbürste, Zahnpasta, Wasser

So geht's

Das Ritual des Zähneputzens kann attraktiver gemacht werden, wenn Sie das Zähneputzen in der Kita mit einem Vers begleiten. Der folgende Vers passt gut zum Zähneputzen nach der oben beschriebenen „KAI-Zahnputzmethode":

Mund auf. Jetzt startet die Bürste.
(die Zahnbürste zu den Kauflächen/den Backenzähnen bringen)

Sie schrubbt und schrubbt auf den Backenzähnen,
bis es glänzt und blitzt,
und die Zahnbürste flitzt …

Sie fegt und fegt jeden Zahn von außen.
(die Zahnbürste an die Außenseite der Zähne bringen)

Applaus! Applaus! Applaus! Der Schmutz, der muss nun raus!

Sie fegt und fegt jeden Zahn von innen.
(die Zahnbürste an die Innenseite der Zähne bringen)

Alle Krümel raus, raus, raus – und keiner bleibt mehr drinnen!

3. DAS IST WICHTIG! – ALLTÄGLICHE KÖRPERPFLEGE GANZ PRAKTISCH

Der Zahnputztest

Alter: ab 3 Jahren
Teilnehmer*innen: ab 1 Kind
Das benötigen Sie: Zahnfärbe-Tabletten oder Zahnfärbe-Mundspülung (aus der Apotheke), Spiegel, Zahnbürste, Zahnpasta, Wasser

So geht's

Das Kind putzt sich (s. Anleitung, S. 48) die Zähne. Nun kann es überprüfen, ob es tatsächlich überall mit der Zahnbürste die Zähne geputzt hat. Dafür bekommt es eine spezielle Färbetablette/Mundspülung. Die Stellen an den Zähnen, die nicht geputzt wurden, verfärben sich. Das Kind kann dieses im Spiegel sehen. Anschließend putzt es die Farbe wieder ab und kontrolliert noch einmal.

BUCHTIPPS FÜR KINDER

- *Holtfreter, Nastja:* **Mund auf, Bürste rein, bald sind meine Zähne fein**, Magellan Verlag: Bamberg 2020 (ab 2 Jahren)
- *Schoenwald, Sophie/Jakobs, Günther:* **Hilf dem Löwen Zähne putzen!** Boie Verlag: Köln (5. Aufl.) 2020 (ab 2 Jahren)
- *Taube, Anna/Altegoer, Regine:* **Zähneputzen? Klar, mit Zahncreme!** Carlsen Verlag: Hamburg, 2019 (ab 2 Jahren)
- *Martinello, Jessica/Mabire, Grégoire:* **Warum Monster Zähne putzen**, Orell Füssli Verlag: Zürich 2019 (ab 4 Jahren)

3. DAS IST WICHTIG! – ALLTÄGLICHE KÖRPERPFLEGE GANZ PRAKTISCH

Unseren Körper vor Hitze oder Kälte schützen

Erkältungskrankheiten bei Kindern können durch dem Wetter nicht angepasste Kleidung hervorgerufen werden. Selbstverständlich nicht zwangsläufig, denn das Kind muss auch mit Viren in Kontakt kommen. Es ist jedoch darauf zu achten, dass Kinder bei Kälte **isolierende, wärmende Kleidung** tragen und nasse Kleidungsstücke gewechselt werden.

Auch Hitze kann den Körper „stressen". Deshalb sollten Kinder an warmen Tagen eher **luftige Kleidung,** möglichst aus Baumwolle, tragen.

Die meisten Kinder haben in der Regel ein gutes Gefühl und können entscheiden, welche Kleidung bei Hitze oder Kälte angebracht ist. Dafür müssen sie auf ihre **Körperwahrnehmung** achten und vertrauen. Sie merken meistens selbst, ob ihnen warm oder kalt ist. Um die Kinder in ihrer Einschätzungsfähigkeit zu stärken, ist es sinnvoll, sie für **geeignete Kleidung** zu sensibilisieren – auch in der Kita!

Kleidercheck – was ist wasserabweisend?

Alter:	ab 3 Jahren
Teilnehmer*innen:	ab 3 Kinder
Das benötigen Sie:	Kleidung aus verschiedenen Materialien (z. B. Baumwolle, Cord, Wolle, Regenkleidung), Handtücher, Spritzpistolen, Wasser, geheizten Waschraum oder warmes Wetter

So geht's
Die Kinder testen, welche Kleidung wasserabweisend und somit bei Regenwetter geeignet ist. Dafür sucht sich ein Kind ein Kleidungsstück aus und zieht es an. Die anderen Kinder befüllen die Spritzpistolen mit Wasser. Auf Kommando des Kindes, welches die Kleidung testet, dürfen die Kinder mit den Spritzpistolen nun auf den Rücken des Kindes mit Wasser spritzen. Sobald das Tester-Kind „Stopp!" sagt, hören die Spritz-Kinder auf. Das Tester-Kind sagt, ob es Nässe spürt oder nicht. Wie fühlt sich der Rücken an? Dann ist ein anderes Kind an der Reihe, Kleidung zu testen. Welche Kleidung gewinnt den Kleidercheck?

3. DAS IST WICHTIG! – ALLTÄGLICHE KÖRPERPFLEGE GANZ PRAKTISCH

Der kunterbunte Kleiderschrank

Alter: ab 3 Jahren
Teilnehmer*innen: ab 3 Kinder
Das benötigen Sie: Kleidung für jede Wetterlage (z. B. T-Shirt, Shorts, Jeans, Schal, Mütze, Handschuhe, Sonnenhut, Pullover, Sandalen, Halbschuhe, gefütterte Stiefel, Gummistiefel, Regenhose und -jacke, Schneeanzug, Badehose, Strumpfhose), pro Kind 1 Stuhl, Handpuppe

So geht's

Die Kleidungsstücke werden im Raum auf dem Boden ausgebreitet. Die Kinder sitzen auf einem Stuhl drum herum. Stellen Sie den Kindern die Handpuppe vor. Diese hat einen Kleiderschrank, der voll ist mit Kleidung, und weiß doch nie, was sie anziehen soll. Die Handpuppe bittet deshalb die Kinder um Hilfe. Sie nennt eine Wetterlage oder Jahreszeit und fordert die Kinder auf, zu sagen, was sie hier Passendes anziehen könnte. Die Kinder melden sich und die Handpuppe wählt ein Kind aus, welches ein Kleidungsteil, das zur jeweiligen Wetterlage/Jahreszeit passt, zu ihr bringt und es vor ihr auf den Boden legt. Sind alle passenden Kleidungsstücke bei der Puppe, schaut diese aus dem Fenster und stellt fest: „Hui, das Wetter hat sich geändert!" Sie benennt eine neue Wetter-Situation und die Kinder stellen ihr die passende Kleidung zusammen.

3. DAS IST WICHTIG! – ALLTÄGLICHE KÖRPERPFLEGE GANZ PRAKTISCH

Das Wetterlied

Alter: ab 3 Jahren
Teilnehmer*innen: ab 3 Kinder
Das benötigen Sie: pro Kind 1 Tuch, 1 Regenjacke und 1 Mütze

So geht's
Die Kinder sitzen im Kreis. In der Mitte liegen alle Materialien. Fragen Sie die Kinder, welche der Kopfbedeckungen, die in der Mitte liegen, für welches Wetter geeignet sind. Gemeinsam wird überlegt und für das folgende Singspiel auch festgelegt, was dort genommen werden kann.

Zum Wetter passende Kopfbedeckungen sind:
- Tuch bei heißem Wetter als Schutz vor der Sonne
- Mütze bei kaltem Wetter
- Kapuze der Regenjacke (die Kapuze über den Kopf ziehen und die Jacke herunterhängen lassen) bei Regen

Das Wetterlied:
Singen Sie mit den Kindern nach der Melodie von „Alle meine Entchen" das Lied. Bei jeder Strophe laufen die Kinder in die Kreismitte, nehmen sich die passende Kopfbedeckung, gehen wieder an ihren Platz und setzen sie auf.

Wie ist das Wetter heute?
Wie sieht es draußen aus? Wie sieht es draußen aus?
Die Sonne scheint. Wir wollen raus!
(Kinder holen sich die Kopfbedeckung und gehen zurück zu ihrem Platz)

Wie ist das Wetter heute?
Wie sieht es draußen aus? Wie sieht es draußen aus?
Es ist bitterkalt! Wir wollen raus!
(Kinder tauschen die Kopfbedeckung und gehen zurück zu ihrem Platz)

Wie ist das Wetter heute?
Wie sieht es draußen aus? Wie sieht es draußen aus?
Es regnet sehr! Wir wollen raus!
(Kinder tauschen die Kopfbedeckung und gehen zurück zu ihrem Platz)

3. DAS IST WICHTIG! – ALLTÄGLICHE KÖRPERPFLEGE GANZ PRAKTISCH

Wie ist das Wetter heute?
Wie sieht es draußen aus? Wie sieht es draußen aus?
Es stürmt doll! Wir wollen raus!
*(Kinder halten ihre Kopfbedeckung,
die sie aufhaben, ganz fest)*

Die Wetteruhr

Alter: ab 3 Jahren
Teilnehmer*innen: 1–4 Kinder
Das benötigen Sie: weiße Pappe, Flügelklammer, Pfeil aus Pappe, Filzstifte

So geht's

Ein Kind darf den Kreis der Wetteruhr aus Pappe ausschneiden. Teilen Sie den Kreis in Bereiche auf und markieren Sie: Sonnenschein, Regen, Wind und Gewitter. Die Kinder malen ein passendes Wetterbild in den dafür vorgesehenen Teil. Dafür einigen sie sich auf ein Symbol, das darauf zu sehen sein soll, z. B. eine Sonne, einen Regenschirm, ein Blitz usw. Abschließend befestigen Sie den Papppfeil mit einer Flügelklammer in der Mitte der Pappe.

TIPP

Etablieren Sie eine Wetteruhr im Morgenkreis! Mit ihr können die Kinder täglich das Wetter bestimmen und die Uhr dementsprechend stellen. Besprechen Sie mit ihnen, was sie am besten anziehen sollten, wenn sie heute draußen spielen.

3. DAS IST WICHTIG! – ALLTÄGLICHE KÖRPERPFLEGE GANZ PRAKTISCH

Was hängt heute auf der Wäscheleine?

Alter: ab 3 Jahren
Teilnehmer*innen: ab 1 Kind
Das benötigen Sie: Wäscheleine, Wäscheklammern, Kleidung für jede Wetterlage, Kiste

So geht's

Spannen Sie eine Wäscheleine in einer Ecke oder vor einer Wand im Gruppenraum auf. Packen Sie verschiedene Kleidungsstücke in eine Kiste. Aus dieser dürfen sich die Kinder jeden Morgen Kleidung, die dem Wetter an diesem Tag entspricht, aussuchen und sie mit Wäscheklammern an der Leine befestigen. So können alle (auch die Kleinsten) vor dem Rausgehen sehen, was sie sich heute anziehen sollten. Wenn die Kinder das Prinzip verstanden haben, kann es lustig sein, wenn Sie kleine Fehler einbauen, wie z. B. einen Schneeanzug im Hochsommer an die Leine hängen …

GUT ZU WISSEN

Haut und Augen sind den UV-Strahlen der Sonne gegenüber empfindlich. Kinder bekommen davon sehr schnell einen Sonnenbrand. Jeder Sonnenbrand im Kindesalter erhöht das Risiko, später im Leben an Hautkrebs zu erkranken. Deshalb ist ein bewusster Umgang mit Sonne wichtig. Kinder sollten:

- nicht zwischen 11 und 15 Uhr rausgehen, weil zu dieser Zeit die Sonne am höchsten steht.
- die Haut durch Kleidung schützen. Sie sollte leicht und weit sein.
- den Kopf durch eine Kopfbedeckung (Sonnenhut/Cap) schützen. Dieser sollte bestenfalls auch den Nacken und die Ohren bedecken.
- die Haut, die nicht von Kleidung bedeckt ist, mit Sonnencreme (mindestens LSF 30) eincremen. (Vgl. Bundesamt für Strahlenschutz 2020)

Damit Kinder lernen, ihren Körper bei starker Sonnenstrahlung zu schützen, sollten Sie den Sinn der Regeln (Eincremen, Kleidung und Kopfbedeckung tragen) immer wieder erklären und darauf hinweisen.

3. DAS IST WICHTIG! – ALLTÄGLICHE KÖRPERPFLEGE GANZ PRAKTISCH

Sonnenschirmdesigner

Alter:	ab 5 Jahren
Teilnehmer*innen:	ab 1 Kind
Das benötigen Sie:	pro Kind 1 Regenschirm, Krepppapier in verschiedenen Farben, Stoffreste, wasserfeste Stifte, Bänder, Schere, Heißklebepistole

So geht's

Jedes Kind gestaltet seinen eigenen Sonnenschirm. Dazu dekoriert es einen Regenschirm mit bunten Krepppapierbändern und Stoffresten. Diese können bei manchen Schirmmodellen geknotet oder mit Ihrer Hilfe mit einer Heißklebepistole angeklebt werden. Unter Aufsicht können die Kinder den Schirm auch mit wasserfesten Stiften bunt bemalen.

Wenn die Sonne sehr stark scheint

Alter:	ab 3 Jahren
Teilnehmer*innen:	1–5 Kinder
Das benötigen Sie:	Babypuppe (nicht aus Stoff), Sonnencreme, Sonnenhut, Puppenkleidung (lange Hose, kurze Hose, Kleid, weites Hemd, dicke Jacke/Pullover), Haarspangen, Kindersonnenbrille

So geht's

Die Kinder sitzen im Kreis. Setzen Sie sich mit einer nackten Babypuppe dazu. Erklären Sie, dass das Baby draußen spielen möchte. Draußen scheint die Sonne. Es ist sehr heiß. Regen Sie die Kinder an, darüber nachzudenken, wie sie die Sonnenstrahlen empfinden.

3. DAS IST WICHTIG! – ALLTÄGLICHE KÖRPERPFLEGE GANZ PRAKTISCH

Impulsfragen:
- Spielst du gern draußen, wenn die Sonne scheint?
- Wo spielst du dann gern?
- Wie fühlt sich die Sonne auf deiner Haut an?
- Merkst du die Sonne noch auf deiner Haut, obwohl sie schon gar nicht mehr da ist? Wie fühlt sich das an?
- Fühlt sich die Sonne im Sommer anders an als im Winter?

Im Erzählkreis berichten die Kinder möglicherweise von ihren angenehmen Wahrnehmungen, wenn sie im Sommer, leicht bekleidet, draußen spielen, im warmen Sand des Buddelkastens sitzen, durch den Rasensprenger laufen oder es beim Schaukeln ganz schön finden, wenn der warme Wind an ihren nackten Beinen zu spüren ist. Machern Sie ihnen die angenehmen Wahrnehmungen bewusst und thematisieren Sie gleichzeitig auch die Gefahren der Sonne. Erläutern Sie, dass es zwar schön ist, in der Sonne zu sein, und dass die Sonne den Menschen guttut, aber dass wir darauf achten müssen, unseren Körper vor Sonnenbrand zu schützen.

Fragen an die Kinder und Ihre Antworten zum Thema Sonnenbrand:
- Wer hatte schon einmal einen Sonnenbrand? Wie fühlt sich die Haut dann an? – *Bei einem Sonnenbrand wird die Haut an der verbrannten Stelle rötlich/rot. Es kann sein, dass sie juckt. Wenn man die Stelle berührt, kann es wehtun. Wenn der Sonnenbrand schlimm ist, können kleine Bläschen entstehen und es kann sich die oberste Hautschicht abpellen.*
- Was ist ein Sonnenbrand? – *Wenn die Haut leicht verbrennt, wird dies „Sonnenbrand" genannt. Nicht immer ist die Sonneneinstrahlung so stark, dass die Haut verbrannt wird. Je höher die Sonne am Himmel steht, desto schneller bekommt man einen Sonnenbrand.*
- Wieso kriegen die einen schnell einen Sonnenbrand und andere nicht? – *Nicht jede Haut reagiert gleich auf die Sonne. Menschen mit einer hellen Haut bekommen schneller einen Sonnenbrand als Menschen mit einer dunklen Haut. Auch Menschen mit schwarzer Hautfarbe können einen Sonnenbrand bekommen.*
- Und wenn man einen Sonnenbrand hat, wie kann man der Haut dann helfen? – *Etwas Kühles auf die Hautstelle legen. Es gibt auch extra Cremes (Apotheke oder Drogeriemarkt), die kühlen.*
- Wie lange bleibt ein Sonnenbrand? – *Ein Sonnenbrand geht wieder weg, sodass die Haut nicht mehr rot ist und es nicht mehr juckt oder schmerzt. Allerdings bleiben unsichtbare Schäden auf der Haut zurück und das ist nicht gut.*
(Vgl. Klexikon – das Kinderlexikon 2021)

3. DAS IST WICHTIG! – ALLTÄGLICHE KÖRPERPFLEGE GANZ PRAKTISCH

Überlegen Sie laut, wie die Puppe am besten rausgehen sollte, damit sie vor einem Sonnenbrand geschützt ist. Holen Sie die verschiedenen Puppenkleider hervor und legen Sie sie in die Kreismitte. Können diese Anziehsachen helfen? Die Kinder äußern ihre Ideen und ziehen die Puppe an. Lassen Sie sich erst von den Kindern überzeugen, wenn die Haut der Puppe komplett geschützt ist.

TIPP

Sprechen Sie das Eincremen mit den Eltern ab! In manchen Kitas ist es so geregelt, dass die Eltern die Kinder im Sommer bereits eingecremt in die Kita bringen. In anderen Kitas unterstützen die Erzieher*innen die Kinder, sich selbst einzucremen.

Toilettenhygiene

Im Folgenden geht es nicht um das Windeln und das Toilettentraining, sondern darum, den Kindern, die allein zur Toilette gehen, die notwendigen **Hygieneverhaltensweisen** zu vermitteln. Die Toilette sollte hygienisch richtig benutzt werden, das bedeutet, dass die Kinder sich richtig abwischen nach dem Toilettengang, alles richtig entsorgen, die Toilette sauber verlassen und sich die Hände waschen. Die Toilette sollte ein **einladender Ort** für alle Kinder sein, an dem sie sich wohlfühlen. Wenn Kinder sich unwohl fühlen, ist es schwer, die Toilette richtig zu benutzen.

BUCHTIPPS FÜR KINDER

- *Bergmann, Barbara/Rosenberg, Natascha:* **Aufs Klo? Das geht so!** Arena Verlag: Würzburg 2012 (ab 2 Jahren)
- *Moost, Nele/Schober, Michael:* **Welcher Po passt auf dieses Klo?** Ein Klipp-Klapp-Pappebuch, Esslinger Verlag: Esslingen am Neckar 2009 (ab 2 Jahren)
- *Patwardhan, Rieke/Fredrich, Volker:* **Klohann**, Tulpian Verlag: München 2020 (ab 3 Jahren)

3. DAS IST WICHTIG! – ALLTÄGLICHE KÖRPERPFLEGE GANZ PRAKTISCH

So benutze ich die Toilette richtig

Alter: ab 3 Jahren
Teilnehmer*innen: ab 1 Kind
Das benötigen Sie: Bilder in DIN-A4-Größe laminiert oder in Klarsichtfolie: „Kind sitzt auf der Toilette", „Toilettenpapier", „Vulva/Penis/Po abwischen", „Spülung", „Hände unter dem Wasserhahn"

So geht's

Die Kinder sitzen im Kreis. Erläutern Sie, wie sie sich verhalten sollen, wenn sie auf die Toilette gehen. Dazu zeigen Sie die entsprechenden Bilder:

- Bild „*Kind sitzt auf der Toilette*": Auf der Toilette braucht man Zeit und Ruhe.
- Bild „*Toilettenpapier*": Man darf nicht zu viel Toilettenpapier nehmen, weil es am Ende die Toilette verstopfen könnte. Drei Blätter genügen.
- Bild „*Vulva/Penis/Po abwischen*": Es ist wichtig, immer von unten nach oben zu wischen, damit keine Bakterien in die Vulva gelangen. Wenn das Toilettenpapier nach dem Abwischen sauber ist, ist der Popo auch sauber. Das Papier wird in die Toilette geworfen.
- Bild „*Spülung*": Wenn man auf die Spülung drückt, wird alles mit Wasser weggespült.
- Bild „*Hände unter dem Wasserhahn*": Die Hände müssen mit Seife gewaschen und danach abgetrocknet werden. Das ist wichtig, weil man möglicherweise krank machende Keime vom Abwischen noch an den Händen hat. Damit man sie nicht weiter an Gegenstände oder andere Kinder verteilt, muss man die Hände gut waschen.

Legen Sie die Bilder durcheinander auf den Boden. Die Kinder haben nun die Aufgabe, sie gemeinsam in die richtige Reihenfolge zu bringen. Regen Sie die Kinder dabei zum Sprechen an.

3. DAS IST WICHTIG! – ALLTÄGLICHE KÖRPERPFLEGE GANZ PRAKTISCH

Bunte Bilder für das Klo

Alter:	ab 3 Jahren
Teilnehmer*innen:	ab 2 Kinder
Das benötigen Sie:	DIN-A4-Wechselrahmen, DIN-A4-Papier, Hammer, Nagel, Buntstifte, Tische, Stühle

So geht's

Erklären Sie den Kindern, dass man oft viel besser auf die Toilette gehen kann, wenn man es in Ruhe macht. Man kann dem Stuhlgang nicht befehlen: „Komm jetzt sofort raus da. Ich muss schnell im Gruppenraum weiterspielen." Viele Menschen nehmen sich sogar etwas zu lesen mit auf die Toilette, damit sie sich dort nicht langweilen und alles in Ruhe erledigen können. In der Kita werden keine Bücher mit auf die Toilette genommen. Schließlich werden die Bücher mit vielen Kindern geteilt und von der Toilette können sich Krankheitserreger auf das Buch übertragen und später auf das nächste Kind, das sich das Buch dann anschaut. Aber es gibt eine andere Idee, sich die Zeit zu vertreiben: ein Bild ansehen, das genau gegenüber der Toilette in jeder Toilettenkabine hängt. Die Bilder werden von den Kindern selbst gemalt und jede Woche ausgetauscht.

Fordern Sie die Kinder auf, möglichst farbenfrohe Bilder mit Buntstiften zu malen, damit es viel zu entdecken gibt. Wenn alle fertig sind, sammeln Sie sie ein und legen sie, mit dem Bild nach unten, auf den Boden. Ein Kind wird abgezählt, das ein Bild für die erste Woche (ungesehen) auswählen darf. Ein weiteres Kind darf für die nächste Toilettenkabine auf ein Bild zeigen usw. Die ausgewählten Bilder werden von Ihnen gerahmt und entsprechend in den Toilettenkabinen angebracht. Die restlichen Bilder sammeln Sie ein und legen Sie zum Austauschen weg.

3. DAS IST WICHTIG! – ALLTÄGLICHE KÖRPERPFLEGE GANZ PRAKTISCH

Wie gehen Tiere aufs Klo?

Alter: ab 3 Jahren
Teilnehmer*innen: ab 1 Kind
Das benötigen Sie: evtl. themenbezogene Bilderbücher (s. Buchtipps)

So geht's
Die Kinder sitzen im Kreis. Regen Sie sie zum Erzählen und Nachdenken an, indem Sie sie fragen:
- Müssen Tiere auch auf die Toilette gehen?
- Warum müssen sie auch auf die Toilette gehen?
- Wie sieht das aus, was die Tiere machen?
- Haben Tiere auch eine Toilette? Wie sieht die aus?

Fordern Sie die Kinder auf, von ihren Beobachtungen, Erfahrungen und Hypothesen zu berichten. Im Gespräch können Sie mit den Kindern erarbeiten, warum Menschen auf die Toilette müssen, dass der Stuhlgang abhängig davon ist, was das Tier/der Mensch isst, was Stuhlgang letztendlich ist und dass Stuhlgang Krankheiten übertragen kann. Deshalb muss man sich die Hände waschen und auch regelmäßig die „Haufen" oder „Köttel" von Hamstern, Hauskatzen oder Pferden wegmachen.

Variation
Ergänzend zu den Gesprächen mit den Kindern, können Sie sich mit ihnen auch themenbezogene Bilderbücher ansehen. In ihnen wird deutlich, dass Tiere auch und vor allem wie sie auf die Toilette müssen.

BUCHTIPPS FÜR KINDER

- *Daynes, Katie/Alvarez Miguens, Marta:* **Alle müssen mal aufs Klo**, Usborne Verlag: Regensburg 2017 (ab 3 Jahren)
- *Holzwarth, Werner/Erlbruch, Wolf:* **Vom kleinen Maulwurf, der wissen wollte, wer ihm auf den Kopf gemacht hat**, Peter Hammer Verlag: Wuppertal 1997 (ab 2 Jahren)

3. DAS IST WICHTIG! – ALLTÄGLICHE KÖRPERPFLEGE GANZ PRAKTISCH

Wie sind die Toiletten in anderen Ländern?

Alter: ab 3 Jahren
Teilnehmer*innen: ab 2 Kinder

So geht's

Die Kinder sitzen im Kreis. Regen Sie sie an, gemeinsam über andere Kulturen nachzudenken. Wie sehen Toiletten dort aus? Gibt es Unterschiede zu denen in Deutschland? Möglicherweise können einige Kinder aus ihren eigenen Erfahrungen berichten, weil sie selbst schon einmal in anderen Ländern waren. Vielleicht ist ein Kind dort bisher aufgewachsen, vielleicht hat es Familie in einem anderen Land oder war da im Urlaub. Fest steht: Jeder Mensch muss auf die Toilette gehen. Wie diese aussehen, kann jedoch ganz unterschiedlich sein.

Einige Beispiele:

- In vielen asiatischen Ländern (z. B. Singapur, Thailand oder Taiwan) hockt man sich auf die Toilette. Für die Füße gibt es links und rechts Bretter zum Daraufstellen. Oft ist neben der Toilette auch eine Dusche, um den Po sauber machen zu können.
- In Italien, Portugal, Japan oder Frankreich gibt es „Bidets". Das sind Waschbecken, die so weit unten angebracht sind, dass man sich auf sie draufsetzen kann. Statt sich nach dem Gang auf die Toilette die Hände zu waschen, wäscht man sich mit dem Wasser aus dem Wasserhahn des Bidets den Po. Bidets sind weit verbreitet in Gebieten, in denen es wenig Papier und damit auch wenig Toilettenpapier gibt.
- In Ländern wie Griechenland, Türkei, Bulgarien oder Ägypten darf häufig das Toilettenpapier nicht einfach weggespült werden, weil sonst die Abflussrohre verstopfen können. Das benutzte Toilettenpapier soll stattdessen in einen Mülleimer neben der Toilette geworfen werden. Dagegen gibt es Länder, in denen unbedingt gespült werden muss: In Singapur muss man bis zu 500 Euro Strafe zahlen, wenn man dabei erwischt wird, nicht gespült zu haben. (Vgl. Spohn 2017)

3. DAS IST WICHTIG! – ALLTÄGLICHE KÖRPERPFLEGE GANZ PRAKTISCH

Rund ums Toilettenpapier

Alter:	ab 4 Jahren
Teilnehmer*innen:	1–4 Kinder
Das benötigen Sie:	Toilettenpapier, Küchenpapier, Taschentücher, Malpapier, Blätter von Bäumen, Wasser, Schüsseln, Rührstäbe (z. B. Holzlöffel)

So geht's

Die Kinder sitzen im Kreis. Erläutern Sie ihnen, dass man nur Toilettenpapier in die Toilette werfen und herunterspülen darf – kein anderes Papier! Toilettenpapier ist ein besonderes Papier, es löst sich im Wasser auf. Aufgelöstes Papier kann die Toilette nicht verstopfen. Andere Papiersorten lösen sich nur langsam, ein wenig oder auch gar nicht im Wasser auf und können so nicht gut weggespült werden. Dadurch verstopfen sie die Rohre. Oder nicht? Wir probieren es einmal aus!

Fordern Sie die Kinder auf, in eine Wasserschüssel ein Blatt Papier zu geben und es mit dem Rührstab umzurühren. Es sollte mindestens zwei Minuten lang gerührt werden. Das passt gut, denn so kommt jedes Kind beim Rühren einmal dran. Nach ca. zwei Minuten wird überprüft: Wie sieht das Toilettenpapier aus? Wie hat es sich

3. DAS IST WICHTIG! – ALLTÄGLICHE KÖRPERPFLEGE GANZ PRAKTISCH

verändert? (Es löst sich auf.) Nun wird dieses Experiment mit anderen Papiersorten wiederholt. Wie sehen die am Ende aus? Wie wasserlöslich sind sie? Wahrscheinlich wird herauskommen, dass Toilettenpapier sich am besten in Wasser auflösen lässt. Deshalb sollte man auch niemals andere Papiersorten in die Toilette werfen. Beim Wegspülen in der Toilette wird das Toilettenpapier durch ein Rohr gespült. Das Rohr ist nicht besonders groß. Nicht aufgelöstes Papier kann deshalb das Rohr verstopfen.

Ab durch die Kanalisation!

Alter: ab 4 Jahren
Teilnehmer*innen: 1–4 Kinder
Das benötigen Sie: Kunststoffrohre (erhältlich im Baumarkt), Wasser-Papier-Produkte aus der Aktion „Rund ums Toilettenpapier" (s. S. 63)

So geht's

Die Kinder stecken mehrere Kunststoffrohre zusammen. Dann dürfen sie ihre Wasser-Papier-Produkte durch das Rohr rutschen lassen. Welches Papier rutscht am besten? Welche Papiere verursachen eine Verstopfung der Rohre? An dieser Stelle kann verdeutlicht werden, dass auch Toilettenpapier ein Rohr verstopfen kann, wenn man zu viel davon in die Toilette wirft. Wie viel Toilettenpapier sollte man am besten nehmen? Wie viel Papier würde eine Verstopfung verursachen? Die Kinder können es ausprobieren.

BUCHTIPP FÜR KINDER

Meyer/Lehmann/Schulze: **Die wilden Zwerge – Mara muss mal**, Klett Kinderbuch Verlag: Leipzig 2015 (ab 4 Jahren)

3. DAS IST WICHTIG! – ALLTÄGLICHE KÖRPERPFLEGE GANZ PRAKTISCH

Wie gehen Erdlinge aufs Klo?

Alter: ab 3 Jahren
Teilnehmer*innen: ab 2 Kinder
Das benötigen Sie: 1 Strumpf

So geht's

Die Kinder sitzen im Kreis. Sie haben Besuch mitgebracht, ziehen den Strumpf über den Arm und sagen: „Das ist Egon. Der kommt von einem anderen Stern und besucht uns heute. Er staunt, was die Menschen hier auf der Erde so machen. Und er ist ganz neugierig. Neulich fragte er mich, wie die Menschen das, was sie Essen, aus dem Körper hinauskriegen. Denn alles kann der Körper doch von der Nahrung nicht gebrauchen, am Ende muss das ja raus. Haben die Menschen einen Mülleimer im Bauch und wann kommt die Müllabfuhr?"

Spielen Sie Egon, der die neugierigen Fragen stellt und lustige Ideen äußert.
Die Kinder antworten ihm und gehen auf das Gesagte ein. So können schon die Kleinen, welche die Toilettenhygiene erst lernen, richtig „groß" sein und ihr Wissen weitergeben.

Beispiele für Egons Fragen und Ideen:

- Ach so, da kommt dann das Kacka raus! Und wo macht ihr Menschen das dann hin? (Er zeigt auf die Eigentumsfächer der Kinder.) Jedes Kind in sein Fach?
- Ach so, ihr habt ein Klo! Und da legt man sich dann drauf, oder was?
- Ach so, man setzt sich auf die Klobrille! Kann das Klo denn nicht gut gucken oder wieso braucht es eine Brille?

Egon kann auch die Hygienemaßnahmen infrage stellen und dazu anregen, dass die Kinder ihm diese erläutern, z. B. Po abputzen, wie viel Toilettenpapier benutzt man, Spülung betätigen, Hände waschen am Waschbecken, Hände mit dem Handtuch abtrocknen usw. Am Ende bedankt sich Egon bei jedem Kind und verabschiedet sich, weil er schließlich auch mal auf die Toilette muss … Jetzt weiß er ja, wie es geht!

3. DAS IST WICHTIG! – ALLTÄGLICHE KÖRPERPFLEGE GANZ PRAKTISCH

> ### BUCHTIPPS FÜR KINDER
> - *Nahrgang, Frauke/Szesny, Susanne:* **Wieso? Weshalb? Warum? junior: Zähne putzen, Pipi machen**, Ravensburger Verlag GmbH: Ravensburg 2014 (ab 2 Jahren)
> - *Campanella, Marco:* **Magnet-Spiel-Buch – Saubere Hände, blitzblanke Zähnchen!** Lernspaß mit 16 Magneten, Schwager & Steinlein Verlag: Köln 2021 (ab 4 Jahren)
> - *Lipka-Sztarballo, Krystyna:* **Badewanne, Klo und Co.**, Gerstenberg Verlag: Hildesheim 2015 (ab 6 Jahren)

DAS TUT GUT! – WOHLTUENDE KÖRPERPFLEGE GANZ PRAKTISCH

Wir spielen Friseur*in

Der Mensch hat fast am ganzen Körper **Haare,** nur an Lippen, Schleimhäuten, Hand- und Fußinnenflächen nicht. Die Haare sind ein **Schutz für den Menschen.** So schützen sie uns beispielsweise auf dem Kopf vor Sonne und die Haare an den Augenbrauen schützen unsere Augen, denn sie halten Schweiß davon ab, in die Augen zu fließen. (Vgl. von der Gathen/Kuhl 2021, S. 28) Jeden Tag fallen dem Menschen etwa 50 bis 100 Kopfhaare aus. Dennoch bekommen nicht alle Menschen dadurch eine Glatze, denn die Haare auf dem Kopf wachsen pro Monat ungefähr 1 cm. Alle übrigen Körperhaare wachsen deutlich langsamer und werden auch nicht so lang. (Vgl. Stiftung „Haus der kleinen Forscher" 2016, S. 43)

Es ist wichtig, die Haare jeden Tag zu **kämmen** – am besten morgens und abends, insbesondere wenn sie lang sind. Darüber hinaus sollten die Haare, wenn sie dreckig sind, **gewaschen** werden. Man sollte sie auch regelmäßig **schneiden.**

Im Friseursalon

Alter:	ab 3 Jahren
Teilnehmer*innen:	ab 2 Kinder
Das benötigen Sie:	Stuhl, Spiegel, Kämme, Bürsten, Haarklammern, Haarreifen, Haargummibänder, Badehandtuch, Wäscheklammer, Körbe, Schürzen, Handspiegel, Handtücher, Sprühflaschen mit Wasser, Föhn, Besen/Handfeger, evtl. Fotoapparat

4. DAS TUT GUT! – WOHLTUENDE KÖRPERPFLEGE GANZ PRAKTISCH

So geht's

Besprechen Sie zunächst mit den Kindern, was ein Friseursalon ist. Was macht man da? Und warum? Die Haare auf dem Kopf müssen gepflegt werden: Sie müssen regelmäßig gewaschen, gebürstet oder gekämmt und geschnitten werden. Die Kinder erzählen von ihren eigenen Erfahrungen mit der Haarpflege und mit einem Besuch im Friseursalon.

Dann geht's los und die Kinder bauen selbst einen Friseursalon auf: Ein Stuhl für den Kunden oder die Kundin wird hingestellt. Davor steht ein Tisch, auf den der Spiegel gestellt wird, oder der Spiegel wird an der Wand angebracht. Die Frisiermaterialien werden in die Körbe verteilt und bereitgestellt. Die Kinder bringen ihre Ideen und Erfahrungen ein. Vielleicht hat ein Kind schon einmal gesehen, dass es Fotomappen mit verschiedenen Frisuren gibt, und fertigt auch so eine Mappe an. Ein anderes Kind war vom Wegfegen der abgeschnittenen Haare fasziniert und holt für das Spiel einen Besen oder Handfeger …

Wenn der Friseursalon fertig aufgebaut ist, setzen sich alle wieder im Kreis zusammen und besprechen zwei wichtige Spielregeln: Es dürfen keine Haare abgeschnitten werden! Scheren tauchen in dem Kita-Friseursalon nicht auf! Alles, was getan wird, wird mit den Kund*innen abgesprochen und wenn sich etwas nicht gut anfühlt, dürfen sie „Stopp!" sagen und der Friseur oder die Friseurin muss sich daran halten.

Angebote des Kita-Friseursalons könnten sein:

- Bürsten und Kämmen
- Haare nass machen (mit der Spritzpistole) und föhnen (nur unter Ihrer Aufsicht!)
- Frisieren (kreativ mit Haarspangen, Haarbändern usw.)

Die Kinder legen die Spielrollen fest: Wer ist der*die Friseur*in? Wer ist der Kunde bzw. die Kundin? Und dann spielen sie los. Sie sind immer dabei, wenn die Haare nass gemacht und/oder geföhnt werden. Dabei passen Sie auf, dass die Haare nur etwas nass gemacht werden (und der Gruppenraum nicht) und dass die Kinder fachgerecht mit dem Föhn umgehen (nicht zu nah an den Kopf halten, keine Berührung mit dem Wasser, den Föhn sofort ausmachen, wenn er nicht mehr benutzt wird, usw.).

TIPP

Machen Sie „Vorher/Nachher"-Fotos von den Friseurkund*innen.

4. DAS TUT GUT! – WOHLTUENDE KÖRPERPFLEGE GANZ PRAKTISCH

BUCHTIPPS FÜR KINDER

- *Spitzer, Katja:* **Haare. Geschichten über Frisuren**, Prestel Verlag: München 2021 (ab 7 Jahren)
- *Grigorcea, Dana/Luchs, Anna:* **Einmal Haare schneiden bitte**, Baeschlin Verlag: Glarus 2018 (ab 3 Jahren)
- *Kulot, Daniela:* **Locken, Pony, Pferdeschwanz und jede Menge Firlefanz**, Gerstenberg Verlag: Hildesheim 2021 (ab 2 Jahren)
- *Pin, Isabel:* **Schnipp, Schnapp, Haare ab?** Berlin, Annette Betz im Uebereuter Verlag: Wien 2018 (ab 4 Jahren)

Mein Frisuren-Wechsel-Buch

Alter: ab 3 Jahren
Teilnehmer*innen: ab 2 Kinder
Das benötigen Sie: pro Kind 6 weiße DIN-A4-Pappen, Locher, Wolle, Schere, ausgedrucktes Foto vom Kopf des Kindes, Buntstifte

Vorbereitung
Schneiden Sie pro Kind fünf Pappen so zurecht, dass auf derselben Höhe ein Loch in Form des Kopfes des Kindes vom jeweiligen Foto ist. Auf eine weitere Pappe wird das Foto geklebt. Die Pappen werden nun so gelocht und übereinandergelegt und mit Wolle, die durch die kleinen, gelochten Stellen gezogen wird, zusammengebunden, dass das Gesicht des Kindes auf dem Foto auf der letzten Seite durch die geschnittenen Löcher zu sehen ist.

So geht's
Jedes Kind bekommt sein Papp-Buch. Es sieht sein Gesicht und darf sich auf jeder Seite eine andere Frisur dazu malen. Welche Frisur wolltest du schon einmal haben? Lange Haare, viele kleine Zöpfe oder grüne Haare? Abschließend schauen sich alle Kinder gemeinsam ihre Frisuren-Wechsel-Bücher an und besprechen, was ihnen dazu einfällt.

4. DAS TUT GUT! – WOHLTUENDE KÖRPERPFLEGE GANZ PRAKTISCH

Viele bunte Haarfarben

Alter: ab 3 Jahren
Teilnehmer*innen: ab 2 Kinder
Das benötigen Sie: Haarreifen, Haarklemmen, Wolle in vielen Farben, Haargummis, Spiegel, Fotoapparat

So geht's

Die Kinder knoten Wolle an Haarreifen oder Haarklemmen und gestalten sich damit eine bunte Frisur. Sicher fallen ihnen noch weitere Gestaltungsideen ein. Die älteren Kinder können die Wolle in die eigenen Haare einflechten. Kinder mit kurzen Haaren genießen das ungewohnte Gefühl, auch einmal lange Haare zu haben, usw. Am Ende zeigen sich alle mit ihrer Lieblingsfrisur und Sie machen ein Foto. Denn das Kunstwerk auf dem Kopf ist nicht von langer Dauer.

Eine Wohlfühlmassage für die Kopfhaut

Alter: ab 3 Jahren
Teilnehmer*innen: ab 2 Kinder
Das benötigen Sie: Sitzkissen

So geht's

Die Kinder bilden Teams. Ein Kind wird massiert und setzt sich auf ein Sitzkissen. Das andere Kind ist der*die Masseur*in und setzt sich hinter das Kind. Leiten Sie folgende **Massagegeschichte** an. Massiert wird dabei sanft die Kopfhaut des Kindes:

Frau Himbeere hat einen wunderschönen Garten auf einem Hügel.
Jeden Morgen geht sie den ganzen Garten ab und freut sich, dass er so riesig ist.
(mit Zeigefinger und Mittelfinger abwechselnd über den Kopf gehen)

4. DAS TUT GUT! – WOHLTUENDE KÖRPERPFLEGE GANZ PRAKTISCH

Wenn sie wenig Zeit hat, muss sie sehr schnell laufen, damit sie auch in jede Ecke des Gartens kommt.
(Finger trippeln schneller über den Kopf)

Doch heute hat sie viel Zeit und kann langsam gehen.
(die Fingerbewegung wird langsamer)

Sie schaut sich um und denkt: „So viel Gestrüpp und langer Rasen auf dem Boden! Am besten mähe ich den Rasen sofort!" Sie holt den Rasenmäher und mäht los.
(mit der Faust liebevoll über den Kopf fahren)

„Fertig! Jetzt, wo das Gras kurz ist, sehe ich, dass jemand Müll in meinen Garten geworfen hat. Den sammle ich schnell auf."
(mit Daumen und Zeigefinger an einigen Stellen des Kopfes so tun, als würde man etwas auflesen)

„Schön!", denkt Frau Himbeere und legt sich ins Gras und schläft ein. Es beginnt, zu nieseln, aber Frau Himbeere schläft weiter.
(mit allen Fingern sanft auf die Kopfhaut klopfen)

Der Regen hört auf. Ein laues Lüftchen weht. Frau Himbeere schläft weiter.
(auf den Kopf pusten)

Frau Himbeere erwacht und ist super ausgeschlafen. Sie tanzt durch den ganzen Garten und hüpft und springt vor Freude.
(mit Zeigefinger und Mittelfinger über den Kopf tanzen)

Da kommt der Freund von Frau Himbeere. „Tanz doch mit! Es ist herrlich in meinem Garten!" Das lässt sich der Freund nicht zweimal sagen und tanzt mit.
(Zeigefinger und Mittelfinger der anderen Hand tanzen mit)

Die beiden sind schon ganz aus der Puste. Sie lassen sich ins Gras fallen und schieben sich bäuchlings über den Rasen.
(mit den flachen Händen liebevoll den Kopf ausstreichen)

„Jetzt habe ich Hunger", sagt Frau Himbeere. „Komm mit mir. Das Frühstück wartet zu Hause."
(die Hände werden vom Kopf genommen)

Alle schließen noch für einen Moment die Augen. Wie fühlt sich der Kopf nun an?

Anschließend werden die Rollen getauscht und die Geschichte beginnt von vorn.

4. DAS TUT GUT! – WOHLTUENDE KÖRPERPFLEGE GANZ PRAKTISCH

Rund um Fingernägel

Fingernägel bestehen aus einer wasserunlöslichen Hornsubstanz. Sie **wachsen** permanent und müssen regelmäßig geschnitten werden. Fingernägel **schützen** die Haut unter dem Nagel. Außerdem sind sie bedeutsam für das Greifen, denn wir ertasten mit der nagelfreien Seite der Fingerkuppen und der Fingernagel ist „eine Art Widerlager" für diese **sensible Taststelle.** Auch bei alltäglichen Verrichtungen spielen Fingernägel eine wichtige Rolle, denn wir nutzen sie beispielsweise, um Flusen vom Teppich zu zupfen, um etwas von einer Oberfläche anzukratzen oder abzureißen. Und ganz nebenbei können Fingernägel auch einfach nur zum Verzieren genutzt werden und sind dann Teil des optischen Erscheinungsbildes eines Menschen. (Vgl. Medlexi.de 2019)

Fingernägel sind wichtig!

Alter: ab 3 Jahren
Teilnehmer*innen: ab 2 Kinder

So geht's
Die Kinder sitzen im Kreis. Bitten Sie sie, sich ihre Fingernägel genau zu befühlen. Wie fühlen an? Was nehmen die Kinder wahr? Sind die Nägel z. B. hart, ganz glatt, tut es weh beim Abschneiden der Fingernägel? Wozu haben wir diese Fingernägel? Fordern Sie die Kinder auf, ihre Ideen zu äußern, und ergänzen Sie, wenn nötig.

Ideen, wozu Fingernägel wichtig sind:
- sie dienen als kleines Schutzschild vor Verletzungen am Finger
- zum Kratzen
- zum Abpulen alter Aufkleber
- zum Bemalen
- zum Gitarrespielen
- zum Regentropfen-Nachmachen auf einer Tischplatte

4. DAS TUT GUT! – WOHLTUENDE KÖRPERPFLEGE GANZ PRAKTISCH

GUT ZU WISSEN

Und Tiere? Haben sie auch Fingernägel? Bei Tieren sehen die Fingernägel anders aus, weil das für ihr Leben praktischer ist. So haben Tiere z. B. Hufe, Krallen oder auch Klauen. Sie sind so ähnlich wie unsere Fingernägel und müssen bei Haustieren auch regelmäßig geschnitten werden. Im Gegensatz dazu nutzen sie sich bei Wildtieren von selbst in der Natur ab.

Das Fingernägel-Wachstums-Experiment

Alter: ab 3 Jahren
Teilnehmer*innen: ab 2 Kinder
Das benötigen Sie: Nagellack

Vorbereitung
Geben Sie den Eltern einen Infobrief mit, in dem Sie darum bitten, den Fingernagel des kleinen Fingers ihres Kindes in nächster Zeit nicht zu schneiden. Er sollte so lang nicht geschnitten werden, bis das Fingernagelexperiment beendet ist. (Wenn die Kinder die langen Nägel stören, sollten sie selbstverständlich geschnitten werden.)

So geht's
Die Kinder versammeln sich im Kreis. Bitten Sie die Kinder, ihre Fingernägel zu betrachten. Wie sehen sie aus? Wie lang sind sie? Haben alle Kinder gleich lange Nägel? Wie schnell wachsen Fingernägel? Wachsen sie bei jedem Menschen unterschiedlich schnell? Die Kinder äußern ihre Wahrnehmungen und Einfälle.
Wer Lust hat, darf jetzt an dem Experiment teilnehmen! Alle Kinder, die möchten, können sich von Ihnen den kleinen Finger mit Nagellack bestreichen lassen. Während die Kinder ihre frisch lackierten Nägel trocknen lassen, erklären Sie den Ablauf des Experiments: Der lackierte Fingernagel wird nicht mehr geschnitten. Alle anderen Fingernägel werden immer geschnitten, wenn sie zu lang sind. An dem Experimentierfinger können wir dann regelmäßig überprüfen, ob der Nagel gewachsen ist und wie schnell das geht. Was neu wächst, kann nicht mit Nagellack bemalt sein! (Vgl. Stiftung „Haus der kleinen Forscher" 2016, S. 43)

4. DAS TUT GUT! – WOHLTUENDE KÖRPERPFLEGE GANZ PRAKTISCH

Hinweis

Fragen Sie die Kinder, warum Fingernägel geschnitten werden müssen. Meistens antworten sie: „Weil Mama und Papa es wollen." Erklären Sie ihnen, dass der wahre Grund jedoch ist, dass lange Fingernägel andere Kinder oder Erwachsene im Spiel unabsichtlich kratzen und verletzen können. Außerdem sammelt sich unter langen Fingernägeln Schmutz. Gerade Kinder nehmen ihre Finger häufig in den Mund. Mit langen Fingernägeln und Schmutz wäre das unhygienisch.

GUT ZU WISSEN

Ein indischer Mann hat sich 66 Jahre lang seine Fingernägel nicht schneiden lassen. Sie wurden jeweils fast zwei Meter lang. Mit 82 Jahren hat er sie dann letztlich abschneiden lassen und sie liegen nun in einem Museum. Kaum vorstellbar, wie wohl sein Alltag mit den langen Fingernägeln ausgesehen hat. (Vgl. Der Tagesspiegel 2018)

Schöne Fingernägel selbst gemacht

Alter: ab 3 Jahren
Teilnehmer*innen: ab 2 Kinder
Das benötigen Sie: Waschbecken, Seife, Nagelbürste, Handtuch, abwaschbaren (Kinder-)Nagellack, kleine Aufkleber, Glitzersteine

So geht's

Zunächst waschen sich die Kinder die Hände und säubern die Fingernägel mit einer Nagelbürste. Wir malen schließlich auch nicht auf schmutzigem Papier!

Die Kinder haben nun die Möglichkeit, ihre Fingernägel mit abwaschbarem (Kinder-)Nagellack, kleinen Aufklebern und Glitzersteinen bunt zu gestalten. Am besten ist es, wenn sie Teams bilden und sich gegenseitig die Fingernägel verschönern. Dabei sollten sie sich immer absprechen, was der*die andere mag oder auch nicht.

Gesundheitsförderung ganz praktisch | 75

4. DAS TUT GUT! – WOHLTUENDE KÖRPERPFLEGE GANZ PRAKTISCH

Ich fühle mich wohl in meiner Haut

Das **größte Organ** des Menschen ist die Haut. Sie schützt vor äußeren Einflüssen, wie Verletzungen, Sonnenstrahlen oder Bakterien. Die Haut kann auch dafür sorgen, dass Menschen die richtige „Temperatur" haben. Außerdem wird die Haut zum Tasten genutzt (taktile Wahrnehmung).

Die Haut muss täglich **einiges aushalten.** Sie wird gestreichelt, gekniffen, abgerubbelt, mit Kleidung abgedeckt, bemalt, eingecremt, ist Sonne oder Wind ausgesetzt, usw. Damit leistet sie unglaublich viel und wir sollten aufpassen, dass wir sie unbedingt immer **gut schützen**!

Bunte Kunstwerke auf der Haut

Alter: ab 3 Jahren
Teilnehmer*innen: ab 2 Kinder
Das benötigen Sie: Körpermalfarbe, dünne Pinsel, Unterlage (Folie) für den Boden, Spiegel, lauwarmes Wasser im Eimer, Waschlappen, Handtücher, ggf. Fotoapparat

Vorbereitung
Wenn die Aktivität im Winter stattfinden soll, muss der Raum gut geheizt sein. Der Boden wird mit Folie ausgelegt.

So geht's
Die Kinder bemalen eigene Körperteile oder nach Absprache die Körperteile eines anderen Kindes mit Körpermalfarbe. Dafür können Pinsel oder auch die Finger und Hände genommen werden. Jedes Kind entscheidet, welche Körperstellen bemalt werden. Manche Kinder lassen sich den Handrücken mit einem Muster bemalen und andere lassen sich ein Bild auf den Rücken zeichnen.

Die entstandenen Kunstwerke können zum Abschluss von Ihnen noch fotografiert werden, denn sie müssen natürlich vor dem Anziehen der Kleidung wieder abgewaschen werden. Hängen Sie später die Fotos im Kita-Raum auf. Weiß denn jedes Kind noch, welches Kunstwerk auf seiner Haut war?

4. DAS TUT GUT! – WOHLTUENDE KÖRPERPFLEGE GANZ PRAKTISCH

Eigene Tattoo-Bilder

Alter: ab 3 Jahren
Teilnehmer*innen: ab 2 Kinder
Das benötigen Sie: hautfreundliche Tattoo-Stifte

So geht's

Fordern Sie die Kinder auf, sich genau zu überlegen, an welcher Stelle auf dem Arm sie welches Tattoo-Bild haben möchten. Sie zeichnen sich selbst oder sich gegenseitig dann schmückende Bilder auf den Arm. Diese können bunt ausgemalt werden und müssen nicht sofort abgewaschen werden. Beim nächsten Baden oder Duschen lassen sie sich leicht entfernen.

TiPP

Erkundigen Sie sich bei allen Haut-Aktionen im Vorfeld bei den Eltern, ob ihre Kinder Unverträglichkeiten haben und auf bestimmte Stoffe auf der Haut besonders reagieren!

4. DAS TUT GUT! – WOHLTUENDE KÖRPERPFLEGE GANZ PRAKTISCH

Das Hautcreme-Labor

Alter: ab 3 Jahren
Teilnehmer*innen: ab 2 Kinder
Das benötigen Sie: kleine Behältnisse (Tiegel), Kakaobutter, Kokosöl, Esslöffel, Teelöffel, 100 % naturreine ätherische Öle, Topf, Wasser, Herd, Holzlöffel, Kühlschrank (dort zwei Wochen haltbar)

So geht's
Für einen Tiegel Creme werden ca. 8 EL Kokosöl und 4 TL Kakaobutter mit Wasser in einen Topf gegeben. Erhitzen Sie langsam die Öl-Butter-Masse auf dem Herd, sodass sie schmilzt. Die Kinder dürfen nun ein ätherisches Öl auswählen und ein paar Tropfen davon hinzugeben. Dann darf jedes Kind einmal umrühren, bis die Masse schön cremig ist. Mit einem Löffel füllen Sie die Crememasse in einen oder mehrere kleine Tiegel ab und stellen diese für ein paar Stunden in den Kühlschrank. (Vgl. DieCheckerin.de 2018) Am nächsten Tag kann die Creme getestet werden.

Im Massagesalon

Liebevolle **Berührungen** sind bedeutsam für eine gesunde – sowohl körperliche als auch psychische – Entwicklung von Kindern. Insbesondere die Fähigkeit, soziale Bindungen aufzubauen, kann davon beeinflusst werden. Nicht jede Berührung ist jedoch angenehm. Für die Missbrauchsprävention ist es deshalb wichtig, dass Kinder wissen, dass ein Streicheln der vertrauten Mutter sich anders anfühlt als ein Streicheln von einer Bekannten der Familie. Kinder sollten darin bestärkt werden, ihrer **Intuition** zu vertrauen und zu äußern, wenn ihnen eine Berührung unangenehm ist. Weisen Sie bei der Durchführung der folgenden Massagespiele darauf hin!

GUT ZU WISSEN

Wenn ein Kind nicht mehr möchte, wird es nicht weiter berührt.
Das kann auch mitten im Spiel sein.

4. DAS TUT GUT! – WOHLTUENDE KÖRPERPFLEGE GANZ PRAKTISCH

Massagegeschichte: „Im Zirkus ist was los!"

Alter: ab 3 Jahren
Teilnehmer*innen: ab 2 Kinder
Das benötigen Sie: Matten oder Decken

So geht's

Die Kinder bilden Teams. Jedes Team bekommt eine Matte und sucht sich einen Platz im Raum, von dem sie Sie gut hören und sehen können. Die Kinder einigen sich, wer massiert wird und wer massiert. Das zu massierende Kind legt sich bequem auf den Bauch auf die Matte. Das Kind, welches massiert, setzt sich nah daneben. Leiten Sie die **Massagegeschichte** an und fordern Sie die Kinder auf, mitzumachen:

Bevor die Zirkusvorstellung beginnt, müssen wir die Manege sauber machen.
Alle Sägespäne werden dafür weggefegt.
(mit beiden Handflächen über den ganzen Rücken streichen)

Nun werden neue Sägespäne in der Manege verteilt.
(mit den Fingerkuppen auf dem Rücken entlangtippen)

Fertig! Die Vorstellung kann beginnen. Das Publikum ist schon gespannt.
Die Pferde und Ponys kommen herein und traben im Kreis in der Manege.
(mit den Fingerkuppen der rechten und linken Hand rhythmische Bewegungen im Kreis auf dem Rücken machen)

Die Pferde und Ponys wechseln die Richtung.
(Richtungswechsel)

Dann galoppieren sie wieder hinaus.
(Galopprhythmus mit den Fingerkuppen auf dem Rücken machen)

Wer kommt nun?
(Die Kinder dürfen jetzt die Geschichte mitgestalten und bringen ihre Ideen ein, wie z. B. Eine Seiltänzerin balanciert quer durch die Manege, die Raubtiere schleichen herein oder ein Clown rollt sich lustig in der Manege umher.)

Die Vorstellung ist für heute beendet. Zum Schluss wird die Manege wieder mit dem Besen gefegt.
(mit beiden Handflächen über den ganzen Rücken streichen)

4. DAS TUT GUT! – WOHLTUENDE KÖRPERPFLEGE GANZ PRAKTISCH

Körpermassage mit Gegenständen

Alter: ab 3 Jahren
Teilnehmer*innen: ab 2 Kinder
Das benötigen Sie: Matten/Decken, Spielzeugauto, Tennisball, Bauklotz, neue Zahnbürste, großer Pinsel, Igelball, Kastanien, Steine, usw.

So geht's

Die Kinder bilden Teams. Jedes Team bekommt eine Matte und sucht sich einen Platz im Raum, von dem sie Sie gut hören und sehen können. Sie einigen sich, wer massiert wird und wer massiert. Das zu massierende Kind legt sich bequem auf den Bauch auf die Matte. Das Kind, welches massiert, setzt sich nah daneben. Es nimmt sich einen der Gegenstände, die im Raum zum Massieren bereitliegen, und massiert den Rücken des Kindes.

Die Kinder sollten im Austausch miteinander darüber sein:

- Wo wird massiert? (Rücken, Arme, Beine)
- Wie wird massiert? (mit viel Druck, mit wenig Druck)
- Mit welchen Gegenständen wird massiert?
- Wie lange wird massiert?

Entspannungsbad im Pool

Alter: ab 3 Jahren
Teilnehmer*innen: 1–2 Kinder
Das benötigen Sie: Planschbecken, Handtücher, CD-Player und ruhige Musik, angenehme Lichtquelle, Badehose/Badeanzug für jedes Kind

4. DAS TUT GUT! – WOHLTUENDE KÖRPERPFLEGE GANZ PRAKTISCH

Vorbereitung
Das Planschbecken wird im beheizten Raum (am besten im Waschraum der Kita) aufgestellt und mit warmem Wasser befüllt. In sicherer Entfernung des Wassers werden der CD-Player und eine angenehme Lichtquelle aufgestellt. Das Oberlicht wird ausgemacht und Vorhänge ggf. zugezogen.

So geht's
Die Kinder ziehen sich eine Badehose oder einen Badeanzug an. Sie legen sich ins Wasser. Erläutern Sie, dass es hier um Ruhe im Wasser geht und nicht um Schwimmen oder Planschen. Durch das ruhige Liegen im Wasser spüren die Kinder ihren Körper. Machen Sie leise, ruhige Entspannungsmusik an.

Die Kinder lauschen der Musik. Wenn sie beginnen, unruhig zu werden, kündigen Sie das Ende des Entspannungsbades an. Anschließend trocknen sich die Kinder ab und ziehen sich wieder an.

Wohlfühlanwendung im Pool

Alter: ab 3 Jahren
Teilnehmer*innen: 1–2 Kinder
Das benötigen Sie: alle Plansch-Materialien wie bei der Aktion „Entspannungsbad im Pool" (s. S. 80), kleine Eimer

So geht's
Die Kinder setzen sich im Planschbecken hin. Ein anderes Kind schöpft mit dem Eimer Wasser und lässt es behutsam über den Nacken und oberen Rücken des Kindes herunterlaufen. Wenn das sitzende Kind möchte, kann das Wasser auch über den Hinterkopf gegossen werden oder auch nur über die Schultern. Unterstützen Sie die Kinder dabei und achten Sie darauf, dass das Wasser vorsichtig gegossen wird! Das im Planschbecken sitzende Kind darf bestimmen, wie und wo es den Wasserguss haben möchte.

4. DAS TUT GUT! – WOHLTUENDE KÖRPERPFLEGE GANZ PRAKTISCH

Eine kleine Wärmeentspannung

Alter: ab 3 Jahren
Teilnehmer*innen: 2–4 Kinder
Das benötigen Sie: Matten/Decken, ca. 6 befüllte Wärmflaschen

So geht's
Ein Kind darf sich bäuchlings auf eine Matte/Decke legen. Die anderen Kinder verteilen sich um die Matte herum. Nacheinander und ohne zu sprechen, legt jedes Kind eine Wärmflasche sanft auf das liegende Kind (nur nicht auf den Kopf). Wenn alle Wärmflaschen liegen, darf das Kind einen Moment nachspüren und die anderen Kinder sitzen ganz ruhig daneben. Nach einem Moment geben Sie ein Zeichen, wonach alle Wärmflaschen nach und nach vorsichtig entfernt werden. Das Kind bekommt wieder Zeit, etwas nachzuspüren. Wie fühlen sich der Rücken, die Arme, die Beine, der Po an? Danach darf sich das nächste Kind auf die Matte legen und die Wärmeentspannung beginnt von vorn.

Unser „Well-Nest" in der Kita

Alter: ab 5 Jahren
Teilnehmer*innen: ab 3 Kinder
Das benötigen Sie: Papier, Stift, Decken/Matten, ruhigen Raum

Vorbereitung
Suchen Sie einen Ort in der Kita für das „Well-Nest" aus (z. B. in einer Nische auf dem Flur, im Differenzierungsraum oder im Gruppenraum).

So geht's
Die Kinder sitzen zusammen auf den Matten/Decken. Erklären Sie ihnen, dass alle zusammen eine Entspannungsecke entwerfen und diese später (Ort benennen) in der Kita aufbauen. Die selbst entworfene Entspannungsecke ist dann das „Well-Nest". „Well" ist ein englischer Begriff und bedeutet auf Deutsch „gut". Und was ein Nest ist, wissen bestimmt alle Kinder. In einem Nest sind die Tierkinder sicher und behütet

4. DAS TUT GUT! – WOHLTUENDE KÖRPERPFLEGE GANZ PRAKTISCH

und werden von ihren Eltern versorgt. Toben, Spielen und Bewegen macht Spaß, aber man braucht auch Pausen zum Ausruhen. Das können wir dann in unserem „Well-Nest" ausgiebig machen. Dafür müssen wir uns gut überlegen, wie es sein soll … Bitten Sie die Kinder, sich einmal gemütlich hinzulegen und die Augen zu schließen. Fragen Sie sie, wie ein Ort für sie sein muss, an dem sich der eigene Körper so richtig wohl fühlt und sich ausruhen kann: „Wo fühlst du dich so richtig wohl? Was brauchst du, damit es dir gut geht?"

Fordern Sie die Kinder auf, ganz ruhig zu werden und auf das, was Sie sagen, zu hören: „Stell dir vor, du hast im Bewegungsraum ganz viel getobt, mit vielen Kindern. Es war sehr lustig, aber auch sehr laut. Die Musik war dieses Mal wie beim Discospielen. Nun braucht dein Körper eine Pause. Du suchst einen Ort, an dem du eine kleine Pause machen kannst. Einen Ort, an dem du dich ausruhen kannst. Einen Ort, an dem du weg bist vom Trubel. Wie sieht dieser Ort aus?" Die Kinder sollen hier noch nichts sagen, sondern nur überlegen.

Wahrnehmungsfragen:
- Wie sieht es für dich dort aus?
- Was fühlst du dort?
- Was hörst du dort?
- Was riechst du dort?

Es sollte immer genügend Zeit zum Nachdenken zwischen den Fragen geben und die Kinder dürfen zwischen den Fragen direkt äußern, was ihnen durch den Kopf geht. Halten Sie die Ideen der Kinder schriftlich fest.

Alle Kinder setzen sich wieder hin und Sie fassen die Ergebnisse zusammen. Die Ideen der Kinder werden diskutiert. Manche Einfälle sind möglicherweise nicht umsetzbar, z.B.: „Ich will einen Kühlschrank im ‚Well-Nest' mit eiskalter Limo" oder „Meine Katze Mimi muss auf einer Matratze dort liegen". Manche Ideen können aber vielleicht ansatzweise realisiert werden, wie etwa: „Eine Kanne Wasser und Gläser stehen im ‚Well-Nest' zur Verfügung" oder „Eine Kuscheltierkatze liegt dort".

Entscheidungen, die getroffen werden müssen:
- *Ort:* Offen oder hinter einer mobilen Wand/Höhle? Unter einem Tisch?
- *Fühlen:* Werden Matten, Decken, Kissen und/oder Kuscheltiere für den Untergrund benötigt?
- *Sehen:* Welche Farbgestaltung soll es geben? Sollen z.B. gelbe Tücher/Bettlaken an den Wänden und selbst gemalte Bilder aufgehängt werden oder gar keine besonderen Farben Verwendung finden?

4. DAS TUT GUT! – WOHLTUENDE KÖRPERPFLEGE GANZ PRAKTISCH

- *Hören:* Soll man einfach nichts hören können (Geräusche gibt es überall in der Kita) oder soll es leise Meditationsmusik geben?
- *Riechen:* Können Duftöle verwendet werden, die ein wohliges Gefühl vermitteln? Welcher Duft wäre gut?

Erstellen Sie mit den Kindern eine konkrete Planung. Kümmern Sie sich zunächst um die Materialien. Die Realisierung wird bei einem nächsten Treffen stattfinden. Nach dem Bau sollten auch unbedingt Verhaltensregeln zur Nutzung erarbeitet und festgelegt werden (z. B. „Nur ein, zwei oder drei Kinder dürfen zusammen im ‚Well-Nest' sein" und „im ‚Well-Nest' ist es ruhig"). Das „Well-Nest" bleibt eine gewisse Zeit stehen. Danach dürfen andere Kinder nach dem oben genannten Vorgehen ein neues „Kita-Well-Nest" gestalten.

Ein Wellness-Nachmittag für Eltern und Kinder

Planen Sie gemeinsam mit den Kindern einen Wellness-Nachmittag in der Kita, zu dem die Kinder ihre Eltern oder eine andere erwachsene Bezugsperson einladen. Es bietet sich an, diesen „Eltern-Kind-Nachmittag" in der dunklen Jahreszeit durchzuführen, denn hier kann eine schöne Beleuchtung, beispielsweise mit Lichterkerzen, zu einer entspannten und besonderen Atmosphäre beitragen.

Die Kinder planen mit Ihrer Hilfe (je nach erwarteter Teilnahme der Erwachsenen) ca. fünf Stationen, an denen ein Wellnessangebot stattfindet. Damit es keine langen Warteschlangen gibt, können kleine Entspannungs- und Wohlfühlecken (siehe „Well-Nest") entworfen werden. Ziel ist es, dass alle zusammen eine entspannte Zeit verbringen und dabei ihrem Körper etwas Gutes tun. Neben Angeboten zur lustvollen und kreativen Körperpflege gehören auch entspannende Bewegungsübungen sowie gesundes, schmackhaftes Essen und Trinken zu einem gelungenen Wellness-Nachmittag in der Kita. Folgende Stationen können Sie dafür mit den Kindern vorbereiten:

1. Station: Handpeeling

Teilnehmer*innen: unbegrenzt
Das benötigen Sie: Baby-Öl, Zucker, Teelöffel, Wasser, Handtücher

4. DAS TUT GUT! – WOHLTUENDE KÖRPERPFLEGE GANZ PRAKTISCH

So geht's

Bitten Sie alle Teilnehmer*innen darum, sich vorab die Hände zu waschen und ihren Handschmuck abzunehmen. Anschließend bekommen sie 1 TL Zucker auf die Innenseite der Hände und ein paar Tropfen Baby-Öl. Nun dürfen sie die Handflächen (wie beim Waschen der Hände) aneinanderreiben. Wie fühlt es sich an? Am Ende waschen sich alle gründlich mit Wasser die Hände.

2. Station: Schaukelmatte

Teilnehmer*innen: ab 6 Kinder/Eltern
Das benötigen Sie: Weichbodenmatte (oder Matratze), Medizinbälle (oder andere harte Bälle)

So geht's

Die Bälle werden gleichmäßig unter der Matte verteilt. Alle Teilnehmer*innen verteilen sich um die Matte herum. Ein Erwachsener oder zwei Kinder dürfen sich auf die Matte legen. Nun schieben und ziehen die anderen Teilnehmer*innen behutsam die Matte vor und zurück. Es sollte nicht dabei gesprochen werden, damit sich die liegenden Personen auf der Matte entspannen können.

3. Station: Automassage

Teilnehmer*innen: 2–8 Kinder/Eltern
Das benötigen Sie: Matten, Spielzeugautos, Korb

So geht's

Ein*e Erwachsene*r und ein Kind bilden ein Team. Eine*r von beiden legt sich bäuchlings auf die Matte und der*die andere setzt sich auf Rückenhöhe daneben. Alle Teilnehmer*innen werden gebeten, zur Ruhe zu kommen. Gehen Sie mit einem Korb mit Spielzeugautos herum. Die sitzenden Personen dürfen sich leise eines nehmen und behutsam den Rücken der liegenden Person abfahren. Es ist auch möglich, die Beine, den Po, die Schultern und die Arme mit dem Auto abzufahren. Wenn die „Spazierfahrt" der Autos vorbei ist, bleiben alle Teilnehmenden noch kurz auf ihren Plätzen und spüren nach. Dann erfolgt ein Rollenwechsel.

4. DAS TUT GUT! – WOHLTUENDE KÖRPERPFLEGE GANZ PRAKTISCH

4. Station: Haarpflege und Styling

Teilnehmer*innen: 2–8 Kinder/Eltern
Das benötigen Sie: Haarbürsten, Kämme, Haarklammern, Stirnbänder, buntes Garn, Haargummis, Spiegel, Fotoapparat, alter Bilderrahmen

So geht's
Wie bei der Aktion „Im Friseursalon" auf Seite 68/69 beschrieben, bürsten, kämmen und frisieren sich die an dieser Station teilnehmenden Kinder und Erwachsenen gegenseitig (aber dieses Mal ohne Wasser und Föhn). Am Ende wird ein Bilderrahmen vor das Gesicht der gestylten Person gehalten und ein Foto gemacht. Auch Eltern-Kind-Fotos sind möglich. Die Fotos können später als Kunstwerke bei einer kleinen Ausstellung in der Kita ausgestellt werden.

5. Station: Fitnessdrinks

Teilnehmer*innen: 3–4 Kinder
Das benötigen Sie: gemütliche Sitzecke, Orangen, Bananen, Himbeeren, Mango, Buttermilch, Orangenauspresse, Messer, Schneidebrettchen, Stabmixer mit Behältnis, Glaskannen, Gläser

So geht's
Die Kinder bereiten mit Ihnen zwei gesunde Fitnessdrinks mit verschiedenen Früchten zu. Diese servieren sie ihren Gästen, die in der von den Kindern gestalteten Sitzecke entspannen und dort das Getränk genießen können.

Beispiele für fruchtige Fitnessdrinks sind:
- *Bananen-Himbeer-Orangen-Smoothie:* Die Orangen werden ausgepresst, die Bananen werden geschält und in Stücke geschnitten. Der Orangensaft, die Bananenstücke und die Himbeeren werden in ein Gefäß gegeben und mit dem Stabmixer so lang püriert, bis ein cremiges Getränk entstanden ist.
- *Mango-Lassi:* Die Mango wird geschält und das Fruchtfleisch wird ab- und klein geschnitten. Dieses wird in ein Gefäß gegeben und Buttermilch hinzugefügt. Mit dem Pürierstab wird dann ein cremiger Mango-Lassi hergestellt.

DU STINKST! – KINDER MIT MANGELNDER KÖRPERPFLEGE

5. DU STINKST! – KINDER MIT MANGELNDER KÖRPERPFLEGE

Obwohl Deutschland als reiches Land gilt, ist **jedes vierte Kind** von Armut betroffen (vgl. Malteser Hilfsdienst e. V. 2019). Insbesondere in Stadtteilen, in denen die Mieten niedrig sind und in denen sehr viele Menschen von Arbeitslosigkeit betroffen sind, ist der Anteil armer Familien hoch. Armut ist mehr als ein Mangel an Geld.

Armutsfolgen sind für Kinder in allen Lebensbereichen spürbar. So fallen Kinder aus Familien, die in Armut leben, häufiger durch **mangelnde Hygiene** auf als Kinder, die aus nicht armen Verhältnissen kommen. In den meisten Fällen betrifft sie besonders mangelnde **Zahnhygiene** (vgl. Micheel 2015, S. 11).

Armutssensibles, pädagogisches Handeln schließt ein, zu versuchen, die Armutsfolgen für Kinder auszugleichen. In einer Kita, in der viele Kinder aus armen Familien kommen, ist das Thema „Körperpflege und Hygiene" ganz anders bedeutsam als in Kitas, in denen kaum Kinder aus armen Familien sind. Ein armutssensibles Kita-Konzept bzw. ein armutssensibles pädagogisches Handeln nimmt die **Bedürfnisse der Kinder** wahr und versucht, sie zu erfüllen. Für den Bereich „Körperpflege" kann das sehr unterschiedlich aussehen, wie die folgenden praktischen Beispiele auch zeigen …

TIPPS

- Es wird ein „Kleiderfundus" angesammelt, aus dem sich die Kinder wetterangemessene Kleidung nehmen können, falls ihnen diese fehlt (z. B. Regenkleidung oder Sonnenhüte).
- Es wird eine „Umsonst-Ecke" in der Kita eingerichtet. Hier können alle Personen, die in die Kita kommen oder hier arbeiten, nicht mehr gebrauchte Kleidungsstücke ablegen. Diese können sich dann Familien mitnehmen, die gerade etwas brauchen und es sich nicht neu kaufen können (z. B. gefütterte Winterjacken, Handschuhe, Sandalen usw.). Um genug Auswahl zu haben, ist es sinnvoll, öffentliche Aushänge mit Bitte um Kleiderspenden in der Umgebung der Kita zu machen. Die Kleidung kann dann in der Kita abgegeben werden. Achten Sie darauf, dass die Kleidung sauber und intakt ist.
- Es wird eine enge Kooperation mit einer zahnärztlichen Praxis eingegangen. Diese kommt mit ihrem medizinischen Personal regelmäßig in die Kita, um die Zähne der Kinder zu untersuchen und um die Wichtigkeit von Zahnhygiene zu vermitteln.

5. DU STINKST! – KINDER MIT MANGELNDER KÖRPERPFLEGE

- In den Sommermonaten wird Sonnencreme von der Kita gestellt.
- Ebenso werden Zahnbürsten und Zahnpasta von der Kita kostenfrei zur Verfügung gestellt.
- Bei Bedarf und je nach Möglichkeit können Kinder in der Kita duschen.
- Es werden Rückzugsmöglichkeiten in der Kita eingerichtet, wie etwa das „Well-Nest" (s. S. 82), damit sich Kinder, die in beengten Wohnverhältnissen leben, dort in Ruhe auch einmal zurückziehen können.

Hygiene- und Gesundheitserziehung sind immer eine **gemeinsame Aufgabe** von Kitas und Eltern. Das Bewusstsein für eine angemessene Körperpflege bekommen Kinder einerseits durch **Vorbilder** vermittelt und andererseits auch durch permanentes **eigenes Verhalten** (wie etwa tägliches Zähneputzen vor dem Zubettgehen oder Händewaschen vor dem Mittagessen). (Vgl. Experto 2021)

Bei den Eltern, die eine **Aufklärung zur Körperpflege** ihrer Kinder nötig hätten, ist es besonders schwer für pädagogische Fachkräfte, das Thema anzusprechen. Zu einem Elternabend werden sie möglicherweise gar nicht erscheinen. Deshalb sollte die **Elternarbeit** zum Thema „Körperpflege" so **niedrigschwellig** wie möglich von der Kita gestaltet werden. Das kann folgendermaßen erfolgen:

Zunächst sollten die pädagogischen Fachkräfte das **Gespräch mit den Bezugspersonen/den Eltern des Kindes** suchen. Es muss nicht sofort ein „Termin" sein, bei dem die Bezugspersonen/die Eltern möglicherweise Angst bekommen (besonders die, die Erfahrung mit dem Jugendamt haben). Es kann auch ein **spontanes Tür- und Angel-Gespräch** sein. Hier sollte die pädagogische Fachkraft die Bezugsperson/den Elternteil kurz zur Seite nehmen oder auch, wenn möglich, in einen anderen Raum gehen. Sie sollte vorwurfsfrei, an den Stärken orientiert und wertschätzend, kommunizieren und dabei deutlich äußern, welche **Körperpflegemaßnahmen** das Kind braucht. Da jede Familie individuell ist und die Probleme unterschiedlich sind, gibt es **keine Einheitsrezepte** dafür, wie pädagogische Fachkräfte die Bezugspersonen/Eltern bei der Körperpflege ihrer Kinder unterstützen können. In vielen Fällen übersteigt dieses Vorhaben auch den Rahmen der Arbeit in der Kita. Möglicherweise ergeben sich aber inhaltliche Anknüpfungspunkte, bei denen die pädagogische Fachkraft an andere **Fachstellen** verweisen kann. Wenn beispielsweise ein Vater beim Gespräch zu verstehen gibt, dass er ausgebrannt ist und keine Energie mehr hat, die Kinder zu duschen oder sie zum Zähneputzen zu motivieren, sollte die

5. DU STINKST! – KINDER MIT MANGELNDER KÖRPERPFLEGE

pädagogische Fachkraft über einen geeigneten Weg zur Unterstützung für den Vater nachdenken. Diese **Beratungsfunktion** bei Familienproblemen kann eine pädagogische Fachkraft in der Kita jedoch nicht übernehmen. Sie kann es an die **Kita-Leitung** weitergeben, die dann nach geeigneten Hilfsmöglichkeiten für die Familie schauen kann.

Ein konkreter Versuch zur Unterstützung der Körperpflege zu Hause wäre es, eine **„Checkliste der Körperpflege"** zu erstellen und diese mit den Bezugspersonen/den Eltern zu besprechen. Ältere Kinder kennen den Sinn und die Umsetzung der Körperpflege bereits aus der Kita und für ihre Bezugspersonen/Eltern könnte es eine Erinnerung sein. Die Checkliste sollte mit ansprechenden Bildern und kurzen Sätzen gestaltet werden. Kinder haben dann die Möglichkeit, diese abzuhaken. Jede Woche bekommt das Kind/die Familie eine neue Checkliste von der Kita. Je nach Kind kann die Checkliste auch individuelle Punkte beinhalten. Je weniger darauf steht und je präziser formuliert ist, desto eher wird sie genutzt. Das Erfolgserlebnis für die Kinder und die Familien ist dann größer und sie sind zum Weitermachen motiviert.

TIPPS „CHECKLISTE DER KÖRPERPFLEGE"

- Morgens: Zähne putzen, Gesicht waschen, Haare bürsten
- Abends: Hände und Gesicht waschen, Zähne putzen, Unterwäsche wechseln

Wenn der Hygienezustand und die mangelnde Körperpflege das **körperliche oder psychische Wohl** des Kindes gefährden, spricht man von Kindeswohlgefährdung. Unzureichende Hygiene kann sich nicht nur körperlich gesundheitlich auswirken, sondern auch sozial und psychisch. So kann es vorkommen, dass Kinder, die aufgrund mangelnder Körperpflege unangenehm riechen, deshalb **sozial ausgegrenzt** werden. Dieses hat selbstverständlich negative Auswirkungen auf die psychische Entwicklung des Kindes. Jede pädagogische Fachkraft hat in der Ausbildung gelernt, dass ein konkreter Verdacht auf Kindeswohlgefährdung gemeldet werden muss. Sie sollte ihn zunächst mit der Kita-Leitung besprechen und sich dann an eine Beratungsstelle beim Jugendamt wenden. (Vgl. Wiado 2021)

QUELLEN- UND LITERATURHINWEISE

Alles über Kinder (2021):
So lernen Kinder spielend Körperpflege und Hygiene,
www.alles-ueber-kinder.net/blog/so-lernen-kinder-spielend-koerperpflege-und-hygiene
(aufgerufen am 15.09.2021)

Bayer. GUVV/Bayer. LUK (2009):
„Vor dem Essen, nach dem Klo wasch' ich die Hände sowieso!"
Ein Projekt zur Gesundheitserziehung in Kindertageseinrichtungen, Bayerischer Gemeindeunfallversicherungsverband/Bayerische Landesunfallkasse (Hrsg.), https://händewaschen.de/downloads/pdf/KGUVV-Bayern-Christl-Bucher-Aktion-Verleih-Derma-LiteCheck_u%20CB.pdf
(aufgerufen am 15.09.2021)

Bundesamt für Strahlenschutz (2020):
Sonnenschutz für Kinder im Kindergarten. Sonne aber sicher. Handreichung für Erzieher/innen, www.bfs.de/SharedDocs/Downloads/BfS/DE/broschueren/unterricht-uv/handreichung-kita-online.pdf?__blob=publicationFile&v=5
(aufgerufen am 15.09.2021)

Der Tagesspiegel (2018):
Inder Shridhar Chillal schneidet seine zwei Meter langen Fingernägel ab, www.tagesspiegel.de/gesellschaft/panorama/sie-verformten-seine-hand-inder-shridhar-chillal-schneidet-seine-zwei-meter-langen-fingernaegel-ab/22792798.html
(aufgerufen am 15.09.2021)

Dickmann, Nancy/Howling, Adam (2020):
Das Buch mit der Lupe: Mein Körper: Schieben – Schauen – Verstehen, Ravensburger Verlag GmbH: Ravensburg

DieCheckerin.de (2018):
Creme selber machen mit Kindern (kinderleicht & natürlich!), www.diecheckerin.de/creme-selber-machen-mit-kindern-kinderleicht-natuerlich/
(aufgerufen am 15.09.2021)

Experto (2021):
Körperhygiene und Gesundheitserziehung. Schon im Kindergarten ein wichtiges Thema, www.experto.de/praxistipps/koerperhygiene-und-gesundheitserziehung-schon-im-kindergarten-ein-wichtiges-thema.html
(aufgerufen am 15.09.2021)

FUMA (2021):
#bodyshaming, FUMA Fachstelle Gender & Diversität NRW, www.gender-nrw.de/impressum/
(aufgerufen am 15.09.2021)

Hochheimer, Irmi (1998):
Sexueller Mißbrauch – Prävention im Kindergarten, Herder Verlag: Freiburg

Hubrig, Silke (2020):
Kinderarmut in der Kita, Cornelsen Verlag: Berlin

Hubrig, Silke (2019):
Geschlechtersensibles Arbeiten in der Kita, Beltz Juventa Verlag: Weinheim

QUELLEN- UND LITERATURHINWEISE

Hubrig, Silke (2014):
Sexualerziehung in Kitas.
Die Entwicklung einer positiven Sexualität begleiten und fördern, Beltz Verlag: Weinheim und Basel

Kita.de (2021):
Seife selber machen mit Kindern.
Einfache Anleitung für Groß und Klein, www.kita.de/wissen/seife-selber-machen-kinder/
(aufgerufen am 15.09.2021)

Klein, Horst/Osberghaus, Monika (2021):
Alle behindert! 25 spannende und bekannte Beeinträchtigungen in Wort und Bild, Klett Kinderbuch Verlag: Leipzig

Klexikon – das Kinderlexikon (2021):
Sonnenbrand, Zentrale für Unterrichtsmedien im Internet e. V. (Hrsg.), https://klexikon.zum.de/wiki/Sonnenbrand
(aufgerufen am 15.09.2021)

Lercher, Lisa/Derler, Barbara/ Höbel, Ulrike (1995):
Missbrauch verhindern. Handbuch zum präventiven Handeln in der Schule, Wiener Frauenverlag: Wien

Malteser Hilfsdienst e. V. (2019):
Kinderarmut in Deutschland,
www.malteser.de/spenden-helfen/unsere-hilfsprojekte/deutschland/kinderarmut.html
(aufgerufen am 15.09.2021)

Micheel, Katharina (2015):
Kinder in Armutslagen. Auswirkungen auf Entwicklung und Bildungschancen, in: Kindergarten heute, Jahrgang 45, 4/2015, www.herder.de/kiga-heute/fachmagazin/archiv/2015-45-jg/4-2015/kinder-in-armutslagen-auswirkungen-auf-entwicklung-und-bildungschancen/?gclid=EAIaIQobChMI1MO129SA8wIVCkWRBR0C_Q2BEAAYASAAEgIEUfD_BwE
(aufgerufen am 15.09.2021)

Medlexi.de (2019):
Fingernägel, https://medlexi.de/Fingern%c3%a4gel
(aufgerufen am 15.09.2021)

Noa, Sandra/Voigt, Silke (2016):
Mein Körper: Wie wachse ich? Warum brauche ich Muskeln?
WAS IST WAS Junior Sachbuch, Band 7, Tessloff Verlag Ragnar Tessloff GmbH & Co KG: Nürnberg

Prophylaxeteam des Kinder- und Jugendärztlichen Dienstes des Gesundheitsamtes Vechta (Hrsg.):
Zahngesundheitserziehung im Kindergarten. Ein Ratgeber für Erzieherinnen, Broschüre die 2. PDF
www.biberach.de/fileadmin/Dateien/Landkreis/Programme___Projekte/Aktion_Sterne_fuer_Schulen/Zahngesundheit.pdf
(aufgerufen am 15.09.2021)

QUELLEN- UND LITERATURHINWEISE

Schneider, Annette (2012):
Das Körperbewusstsein bei Kindern und Jugendlichen. Entwicklung, altersabhängige Ausprägung und Einfluss auf Gesundheitsförderung und Gesundheitsprävention, Inaugural-Dissertation zur Erlangung der Doktorwürde der biologischen Fakultät der Albert-Ludwigs-Universität Freiburg im Breisgau, https://freidok.uni-freiburg.de/dnb/download/8721
(aufgerufen am 15.09.2021)

Spohn, Cecelia (2017):
Klo-Knigge: Das sind die Regeln weltweit, in: reisereporter.de, www.reisereporter.de/artikel/2078-badezimmer-klo-knigge-toiletten-etikette-regeln-weltweit
(aufgerufen am 15.09.2021)

Stiftung Gesundheitswissen (2018):
Wie viele Gelenke hat der Mensch? Anatomie-Professor Dr. Dieter Blottner im Interview, www.stiftung-gesundheitswissen.de/gesundes-leben/koerper-wissen/wie-viele-gelenke-hat-der-mensch
(aufgerufen am 15.09.2021)

Stiftung „Haus der kleinen Forscher" (2021):
Alles Klopapier, oder was?
www.haus-der-kleinen-forscher.de/de/praxisanregungen/experimente-fuer-kinder/exp/alles-klopapier-oder-was
(aufgerufen am 15.09.2021)

Stiftung „Haus der kleinen Forscher" (2016):
Forschen rund um den Körper, Broschüre, www.haus-der-kleinen-forscher.de/fileadmin/Redaktion/1_Forschen/Themen-Broschueren/Broschuere_Forschen_rund_um_den_Koerper.pdf
(aufgerufen am 15.09.2021)

Stowell, Louie/Leake, Kate (2015):
Aufklappen und Entdecken: Dein Körper, Usborne Verlag: Regensburg

Von der Gathen, Katharina/Kuhl, Anke (2021):
AnyBody: Dick & dünn & Haut & Haar: das große Abc von unserem Körper-Zuhause, Klett Kinderbuch Verlag: Leipzig

WHO (2014):
Verfassung der Weltgesundheitsorganisation. (Übersetzung vom 08. Mai 2014), Französischer Originaltext von 1948, www.admin.ch/opc/declassified-compilation/19460131/201405080000/0.810.1.pdf
(aufgerufen am 15.09.2021)

Wiado (2021):
Kindeswohlgefährdung melden. Meldepflicht & Maßnahmen, www.wiado.de/kindeswohlgefaehrdung-melden/
(aufgerufen am 15.09.2021)

Wikipedia (2021):
Nagel (Anatomie), https://de.wikipedia.org/wiki/Nagel_(Anatomie)
(aufgerufen am 15.09.2021)

REGISTER DER AKTIVITÄTEN

Ab durch die Kanalisation! 64
Auf welchen Körperteil kann ich mal verzichten? 22

Bilderbuchbetrachtung: „Alle behindert!" – stimmt das? 34
Bilderbuchbetrachtung: „Fräulein Hicks und die kleine Pupswolke" 17
Bunt, aber sauber! 45
Bunte Bilder für das Klo 60
Bunte Kunstwerke auf der Haut 76

Das Fingernägel-Wachstums-Experiment 74
Das Glitzer-Experiment 42
Das Hautcreme-Labor 78
Das Wetterlied 53
Dazu sage ich: „Nein!" 36
Der kunterbunte Kleiderschrank 52
Der Zahnputztest 50
Die KAI-Zahnputzmethode 48
Die Seifen-Fabrik 45
Die Wetteruhr 54
Du bist toll, weil … 24

Eigene Tattoo-Bilder 77
Ein Wellness-Nachmittag für Eltern und Kinder 84
Eine kleine Wärmeentspannung 82
Eine Wohlfühlmassage für die Kopfhaut 71
Entspannungsbad im Pool 80

Fingernägel sind wichtig! 73

Gelenke erforschen 20
„Gesucht wird …" – Steckbrief 32

Halb Mensch, halb Tier – Was hättest du gern? 26
Händewaschen-Übung 43

Ich finde meinen Körper großartig, weil … 33
Im Friseursalon 68

Kita-Zahnputzvers 49
Kleidercheck – was ist wasserabweisend? 51
Körpermassage mit Gegenständen 80
Körper-Memo 30
Körperteile auf Papier 21
Körperteile-Tausch-Spiel 21

REGISTER DER AKTIVITÄTEN

Magnetische Körperteile 13
Massagegeschichte: „Im Zirkus ist was los!" 79
Mein Frisuren-Wechsel-Buch 70
Mein Körper fühlt sich super an!. 25
Mein Körper kann sprechen – Tiere erraten 27

„**N**ein!"-Rollenspiel. 37
„Normal" – gibt es nicht! 29

Polizei im Dunkeln: Verbrecher*innen erkennen. 31

Rund ums Toilettenpapier 63

Schaut her, was mein Körper alles kann! 24
Schöne Fingernägel selbst gemacht. 75
So benutze ich die Toilette richtig 59
Sonnenschirmdesigner 56

Unser „Well-Nest" in der Kita 82

Viel gemeinsam, doch nicht gleich 28
Viele bunte Haarfarben. 71

Was hängt heute auf der Wäscheleine? 55
Was ist da drinnen los? – Körperforscher*innen. 15
Welche Farbe hat deine Haut? 32
Wenn die Sonne sehr stark scheint 56
Wenn ich aus der Badewanne komme … 14
Wer hat was? – Bewegungsspiel. 28
Wie gehen Erdlinge aufs Klo? 65
Wie gehen Tiere aufs Klo? 61
Wie sieht mein Körper aus? 12
Wie sind die Toiletten in anderen Ländern? 62
Wir ertasten unsere Knochen. 18
Wohlfühlanwendung im Pool 81

Zahnbürsten persönlich gestalten 48
Zahnputzbecher selbst gemacht 47

AUTORENINFO

Silke Hubrig ist Berufsschullehrerin an der Fachschule für Hauswirtschaft, Gesundheit und Sozialpädagogik in Bremen mit dem Schwerpunkt Bewegung und Sport. Zuvor war sie als Erzieherin sowie Tanz- und Bewegungspädagogin tätig. In verschiedenen pädagogischen Fachverlagen sind ihre Bücher erschienen, die sich dem Thema „Frühpädagogische Praxis in Kita und Krippe" widmen.